·现代学徒制系列丛书·

Xiandai Xuetuzhi Shichang Yingxiao Zhuanye Jiaoxue Biaozhun Yanzhi

现代学徒制市场营销专业教学标准研制

● 门洪亮 著

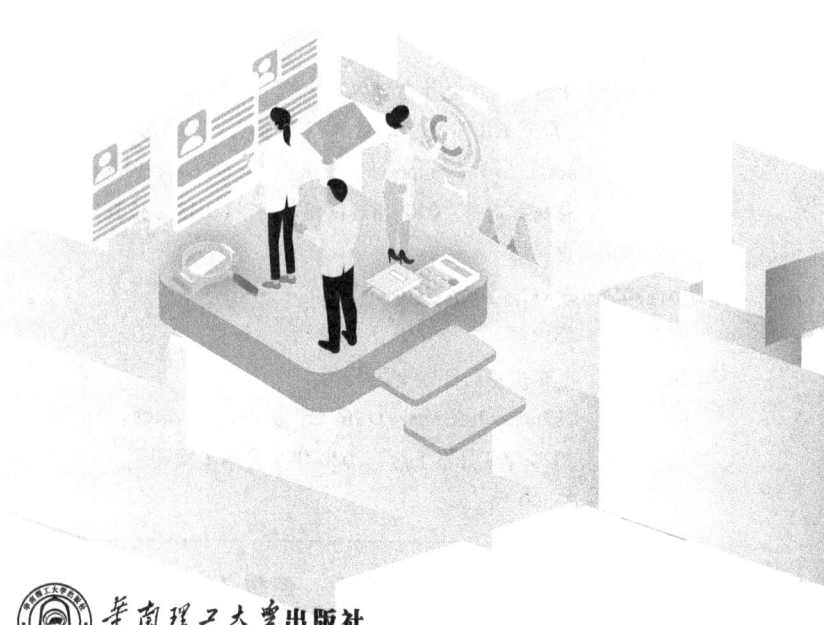

华南理工大学出版社
SOUTH CHINA UNIVERSITY OF TECHNOLOGY PRESS
·广州·

图书在版编目(**CIP**)数据

现代学徒制市场营销专业教学标准研制/门洪亮著.—广州：华南理工大学出版社，2020.8
(现代学徒制系列丛书)
ISBN 978-7-5623-6358-3

Ⅰ.①现… Ⅱ.①门… Ⅲ.①市场营销学-专业-学徒-教育制度-课程标准-研制-广州 Ⅳ.①F713.50

中国版本图书馆 CIP 数据核字(2020)第 138560 号

现代学徒制市场营销专业教学标准研制
门洪亮 著

出 版 人：卢家明
出版发行：华南理工大学出版社
（广州五山华南理工大学17号楼，邮编510640）
http://www.scutpress.com.cn E-mail:scutc13@scut.edu.cn
营销部电话：020-87113487 87111048（传真）

策划编辑：袁 泽
责任编辑：唐燕池 张 颖
责任校对：郭银霞
印 刷 者：广东虎彩云印刷有限公司
开 本：787mm×1092mm 1/16 印张：9.75 字数：216千
版 次：2020年8月第1版 2020年8月第1次印刷
定 价：36.00元

版权所有 盗版必究 印装差错 负责调换

前　言

按照《国务院关于加快发展现代职业教育的决定》(国发〔2014〕19号)和《教育部关于开展现代学徒制试点工作的意见》(教职成〔2014〕9号),2015年教育部遴选确定了165家首批现代学徒制试点单位。广州番禺职业技术学院市场营销专业作为首批试点专业之一,2015年首届招生44人;2016年招生103人;2017年招生123人;2018年同时与三家企业开展现代学徒制项目,共招生157人;2019年招生125人;2020年响应国家号召,启动针对企业内部员工的学徒制招生工作。通过现代学徒制人才培养模式,不断深化产教融合,使人才培养质量得到大幅提升。

我国的职业教育在经历多年的发展之后,正逐步进入内涵式和规范化的发展轨道。标准化建设是现代职业教育内涵式发展的必然要求,是实现高职教育人才培养质量保障的重要手段。2015年广东省教育厅在国内率先启动15个现代学徒制试点专业的专业标准研制项目,希望通过现代学徒制专业标准的研制,建设基于典型工作过程的课程体系,开发基于工作岗位与工作内容、融入国家职业资格标准的专业教学内容,逐步完善高职人才培养制度和标准,为现代学徒制试点工作的开展提供一定的支持。

本项目为现代学徒制市场营销专业教学标准研制,项目经历了供需调研、职业能力分析、课程体系建构和标准编制四个阶段。在供需调研阶段,项目组通过文献资料查询、调查问卷、实地访谈、座谈会等形式展开调研,共查阅了500多篇有关现代学徒制的研究文献,从中筛选出30多篇关于市场营销教学标准的核心期刊文献进行专门研究;实地调研访谈了国内20多所中高职院校,分别向在校生、毕业生发放问卷653份,调研企业63家。对企业市场营销岗位技能人才的需求状况、本专业毕业生职业发展路径、企业对人才专业能力和职业素养的要求等方面进行了深入调研,同时收集了毕业生和企业对学校人才培养的反馈意见,获得了大量一手资料,了解了市场营销专业人才需求、人才成长路径和人才培养中存在的问题。在职业能力分析阶段,项目组召开了两场职业能力分析会,邀请了18位企业专家和资深营销人员,重点分析了市场营销专业的4个主要工作岗位。通过企业专家分析和研讨、会后归纳整理并参考相关职业资格标准,形成了职业能力汇总表,共分析出31项工作项目、118项工作任务、519项工作能力、13项职业素养和60条关键能力（职业通用能力）。在课程体系构建阶段，召开了课程转换会，先后邀请了16位来自职业院校、经验丰富的营销领域资深从业人员、人力资源管理人员，参照能力分析总表和毕业生反馈，在广东省教育研究院教育专家的指导下，围绕专业培养目标、职业范围、人才培养规格、课程结构、课程内容及要求、教学安排、教学基本条件和教学实施建议等进行研讨，确定了6门专业技术技能课程和5门学徒岗位能力课程，构建了现代学徒制高职市场营销专业的课程体系。在标准编制阶段，根据课程转换会研讨材料，召开了4次标准制订和审核会议，校企共有29位人员参与，分工负责课程标准研制工作，经过反复研讨和修改，制订了现代学徒制高职市场营销专业教学标准和11门课程标准。

　　本项目历经三年多的研究与实践，于2018年5月全部完成。自2016年开始，部分研究成果在店长职业教育集团的成员单位进行推广与应用，包括人才培养标准、课程体系、课程标准、课程资源及教材、现代学徒制相关的企业遴选标准、岗位标准、师傅标准、导师标准、考核标准等等，通过成员单位的应用反馈意见和建议，进一步完善相关标准的内容。2019年教育部颁发了《教育部关于职业院校专业人才培养方案制订与实施工作的指导意见》（教职成〔2019〕13号），根据意见要求，项目组又进行了进一步的规范和修改，此次出版正是在此基础上的研究成果。

　　在标准研制、项目实施、标准推广应用的过程中，项目组得到了广州番禺职业技术学院、广东省教研院众多专家和老师的悉心指导和帮助，得到了中国连锁经营协会、广东省连锁经营协会、深圳市连锁经营协会等行业协会的指导和帮助，得到了店长职业教育集团诸多院校和行业企业成员单位的支持，在此表示衷心感谢！

　　由于产业不断升级、行业不断变化，市场对营销岗位工作的要求也在不断提升，岗位工作内容也需不断丰富和更新，职业教育的理念、方法和实现路径也需不断优化，因此专业人才培养标准和课程标准也应因时因需而变。为保障现代学徒制项目顺利开展，还需要制订和完善岗位标准、企业师傅标准、质量监控标准、学徒学业合格标准、学徒制教学管理制度等一系列标准。标准的研制是一个适时调整与完善的过程，今天研究的成果并不是标准研制的结果，而是进一步完善的开始。由于作者水平有限，书中难免有疏漏和不足之处，敬请读者和老师批评指正。

门洪亮
2020年3月

目 录

第1章 绪论 ………………………………………………………………………… 1
  1.1 研究的背景与必要性 ……………………………………………………… 1
  1.2 研究的基础与优势 ………………………………………………………… 3
  1.3 研究的内容与技术路线 …………………………………………………… 5
  1.4 研究的创新与特色之处 …………………………………………………… 7
  1.5 研究成果推广与应用计划 ………………………………………………… 8
第2章 现代学徒制高职市场营销专业标准研制的调研 ……………………… 9
  2.1 调研方案 …………………………………………………………………… 9
  2.2 调研的样本分布及抽样情况分析 ………………………………………… 11
  2.3 调研结果分析 ……………………………………………………………… 12
  2.4 调研结论 …………………………………………………………………… 25
  2.5 对策与建议 ………………………………………………………………… 28
第3章 现代学徒制高职市场营销专业职业能力分析 ………………………… 30
  3.1 职业能力分析的目的和意义 ……………………………………………… 30
  3.2 职业能力分析的组织与实施 ……………………………………………… 30
  3.3 职业能力分析的结论与成效 ……………………………………………… 36
  3.4 职业能力分析表 …………………………………………………………… 37
第4章 现代学徒制高职市场营销专业教学标准 ……………………………… 57
  4.1 招生与培养的基本信息 …………………………………………………… 57
  4.2 职业范围 …………………………………………………………………… 58
  4.3 人才培养 …………………………………………………………………… 58
  4.4 典型工作任务及职业能力分析 …………………………………………… 60
  4.5 课程体系 …………………………………………………………………… 62
  4.6 教学安排 …………………………………………………………………… 68
  4.7 教学基本条件 ……………………………………………………………… 71
  4.8 教学实施建议 ……………………………………………………………… 73
第5章 现代学徒制高职市场营销专业课程标准 ……………………………… 76
  5.1 专业技术技能课程 ………………………………………………………… 76
  5.2 学徒岗位能力课程 ………………………………………………………… 108
参考文献 …………………………………………………………………………… 140
附 录 ……………………………………………………………………………… 142

第 1 章 绪论

基于现代学徒制的职业教育人才培养模式的探索和实践，在以英国、德国、澳大利亚等为代表的发达国家已经取得了较为瞩目的成果，为社会培养出了大量符合行业企业需求的技术技能型人才。我国自2015年教育部开展现代学徒制试点工作以来，经过几年的实践，在提升人才培养质量、深化职业教育改革方面也取得了预期的效果，目前现代学徒制正在全国范围内逐步推广应用。

基于现代学徒制的现代职业教育体系建设和人才培养模式改革是我国当前职业教育发展的重要任务和研究热点。本著作通过对国内高职市场营销专业人才培养现状的调研分析，借鉴国外（如英国和澳大利亚）职业教育先进理念与经验，针对我国市场营销岗位的发展趋势和人才需求特征，深入分析市场营销岗位工作的任务和职业能力，初步探讨现代学徒制高职市场营销专业教学标准、课程标准及其考核评价标准等人才培养标准体系，以期促进我国现代学徒制市场营销专业教学深化改革的研究与实践，促进我国营销专业人才培养质量的提高。

1.1 研究的背景与必要性

1.1.1 研究的背景

1. 教育部启动现代学徒制试点，进一步推进产教融合

按照《国务院关于加快发展现代职业教育的决定》和《教育部关于开展现代学徒制试点工作的意见》，有关部门根据各地产业发展情况、办学条件、保障措施和试点意愿等，选择一批有条件、基础好的地市、行业、骨干企业和职业院校作为教育部现代学徒制首批试点单位。不同性质的单位在试点内容上会有不同侧重，作为高职院校，如何启动试点工作，"专业"显得至关重要。因为在全校进行试点并不现实，所以应选择当前适合开展现代学徒制培养且有良好校企合作基础的专业先行先试，试点成功并取得可推广、可示范的成果后，再逐步扩大实施现代学徒制的范围和规模，使现代学徒制成为高职院校培养技术技能人才的重要途径。2014年，广州番禺职业技术学院市场营销专业在全校率先提出成立百果园学院试点现代学徒制，获得学校批准，并开始进行"招生与招工一体化""校企协同培养一体化"等方面的探索和实践。

2. 现代学徒制是符合职业教育教学规律的育人模式

有人认为，现代学徒制只不过是人才培养模式的一种，并不是非要实施的，完全可以由其他模式替代，其作为"舶来品"也未必适合中国。然而，现代学徒制不只是提升职业教育质量的一种手段，它更是服务经济和产业发展、破解企业招工难等方面问题的重要保障，而这也是职业教育的价值所在。现代学徒制被认为是从学校到职场最佳的过渡模式，是最符合职业教育教学规律的一种育人模式，因为它在学校教育和就业之间建立了两个过渡带（从学校到学徒制，再从学徒制到就业）。而其他人才培养模式，无论课程设置与组织如何体现职业岗位工作过程，无论教学设备与教学环境如何先进仿真，无论师资队伍中双师型教师再多、企业经验再丰富，都与企业真实岗位工作有一定距离，都无法实现人才培养与就业岗位的"零对接"。唯有按照情境学习理论，实施"将来在哪里做、现在就在哪里学"的人才培养模式，才能真正培养出企业所需要的人才。

3. 专业教学标准是现代学徒制试点的主要内容

现代学徒制试点到底试什么？教育部在《现代学徒制试点工作实施方案》中明确规定，"完善人才培养制度和标准"是试点的主要内容。也就是要按照"合作共赢、职责共担"原则，在实施招生与招工一体化的基础上，校企共同设计人才培养方案，共同制订专业教学标准、课程标准、岗位标准、企业师傅标准、质量监控标准及相应实施方案。校企共同建设基于工作内容的专业课程和基于典型工作过程的专业课程体系，开发基于岗位工作内容、融入国家职业资格标准的专业教学内容和教材。而本项目正是在此背景和要求下，开展基于现代学徒制的市场营销专业教学标准的研制。

1.1.2 研究的必要性

1. 传统的高职市场营销专业急需深化教学改革

传统的高职市场营销专业没有行业背景，难以实现产教融合。该专业可以说是面向各行各业，但事实上很难与一个行业或一个企业进行深度合作，如此培养出来的学生难以适应企业在激烈的市场竞争中的需要，也无法满足学生的学习要求。我们经常会听到学生抱怨，在市场上干一个月要比在学校学一年收获更大。从广东省2018年毕业生就业质量报告来看，高职院校市场营销专业有6268名毕业生，在全省各专业中排第9位。因此，这个专业办得好与坏在一定程度上会影响高职院校的办学质量。目前高职院校的人才培养都遇到了"高等性""职业性"和"教育性"难以有机融合的瓶颈。很多校企合作的课程事实上是"夹生饭""两张皮"。校内的课程就是以学科体系的理论知识为主，体现"高等性"却做不到"职业性"；而在企业半年、1年甚至更长时间的顶岗实习体现了"职业性"，却给人感觉是让学生提前毕业，无法体现"教育性"。更有甚者，有些企业提供的岗位非但没有多少教育价值，而且实际上就是将学生当作廉价劳动力，这样的顶岗学习更体现不了"高等性"。因此，传统市场营销专业急需深化教学改革。

2. 以深圳百果园公司为代表的行业企业急需高素质市场营销人才

随着人口红利的消退，在经济新常态下，中国企业既面临人力资源数量的短缺，也面临着人力资源结构及质量跟不上时代的威胁。深圳百果园实业发展有限公司（以下简称"百果园公司"）是国内规模较大的水果专营连锁企业，截至2019年9月，百果园公司在全国有4000多家直营专卖店，员工规模超过10 000人，公司业务覆盖了果品流通的全产业链，计划到2030年门店数量将达到15 000家，如此大的发展规模和如此快的发展速度，使得人才供给问题成为企业实现战略规划的主要瓶颈。该企业经营的是高端水果品类，需要大量高素质、高水平的店长和员工来支撑，而现有的大部分店长还是高中毕业生甚至初中毕业生，远不能满足企业转型升级对人才质量的要求。即便如此，社会上处于闲散状态的潜在人力资源仍然难以满足企业用人数量的需要。与人才聚集地的大专院校，特别是专门培养技术技能型人才的职业院校合作，成为企业实施战略人才管理的必然选择。

对于现代学徒制市场营销专业人才培养标准研究工作的开展，一方面有利于职业教育理论成果的丰富及理论体系的建立；另一方面，从实践上看，有利于我国现代学徒制市场营销专业教育改革的深化发展，从而有利于提升市场营销专业人才培养质量，进而有利于我国现代职业教育体系的完善和经济的持续健康发展；总之，有利于满足企业、学生、学校和政府部门各方对高职教育的要求。

1.2 研究的基础与优势

1. 广州番禺职业技术学院市场营销专业成为现代学徒制全国先行试点

2014年12月，广州番禺职业技术学院市场营销专业与当时有着近千家直营专卖店的百果园公司签约，就深度校企合作成立百果园学院、"现代学徒制"全国先行试点达成协议。双方在探索校企协同育人机制、推进招生招工一体化、完善人才培养制度和标准、建设校企互聘共用的师资队伍、建立体现现代学徒制特点的管理制度等方面进行试点和探索。这标志着广州番禺职业技术学院在商科专业进一步完善产教融合、校企合作，以及在创新人才培养模式上，迈出了坚实有力的一步。

2. 市场营销专业校企合作已取得突破性成果

广州番禺职业技术学院与百果园公司合作已有5年多。双方基于市场营销专业进行合作，人才培养定位非常明确——"职业店长"。在现代学徒制之前，合作的主要形式是订单班。公司在校企合作中承诺，学生在企业实习或工作满1年，80%的学生可以晋升为店长或总部员工，60%～70%的店长月收入在5000元以上，月收入较高的店长可达到15 000元以上。2014年底，学院的百果园店长班中有100余名学生在企业实习或就业，其中有

23名学生在百果园公司就职满1年,有21名学生晋升为店长或总部员工,晋升率达到91.3%。还有学生就职8个月就升任店长,10个月升为小区主管,1年后升任片区经理助理,2015年初该生的月收入就超过了8000元。

3. 项目团队具有较强的实力和影响力

项目团队曾建设完成市场营销专业的"工商模拟市场实训"和"职业规划与成功素质训练"两门国家级精品课程和精品资源共享课程,2014年团队申报的《商科学生"实战型、体验式、网络化"技能与素质并进的课程创新与实践》获国家教学成果二等奖。团队近年来还面向全省通过"高职教师综合能力提升""翻转课堂与微课程开发与运用""商科专业课程体系与课程开发""高职院校中层领导力与执行力"等省培项目培训教师3000余人,在全国培训近2万人,具有较强的影响力。

4. 依托产教融合、校企合作,已初步建立专业标准

根据现代学徒制试点的总体规划,百果园学院的校企双方共同明确市场营销专业人才培养定位是"职业店长",在此基础上完善协同培养、工学结合与工学交替的人才培养模式,即学生需用约1/2的时间在企业接受学徒培训,约1/2的时间在学校学习岗位知识和专业技能。校企共同制订了体现学徒制模式的人才培养方案,按照企业用人需求与岗位资格标准以及工作内容和典型工作过程来设置课程体系和课程内容。构建以"公共课程+教学项目+带薪学徒"为主要特征的课程体系。其中,教学项目是按照高职教育规律和企业需求,在课程专家、企业技术骨干和学校专业教师的共同努力下开发体现"高等性""职业性"和"教育性"三者有机融合的项目课程。而带薪学徒就是在工作岗位上通过师傅带徒弟的方式实现"做中学"和"学中做",同时要求带薪学徒的岗位要体现"高等性",学习过程既要体现"职业性",也要体现"教育性"。在此基础上,制订岗位标准、师傅标准、课程标准、教学质量评价标准及考核办法,并将学生工作业绩和师傅评价纳入学生学业评价标准。

5. 合作企业为专业教学标准的推广创造有利条件

百果园公司是国内规模较大的果品连锁专卖企业,所属的行业是朝阳产业。截至2019年9月,百果园公司在全国有4000多家直营专卖店,员工规模超过10 000人,在4年内公司门店数量增长了4倍,为市场营销专业的发展提供了稳定的学徒岗位,确保了招生与人才培养的连续性。而公司优秀的企业文化、完善的培训体系和员工生涯规划与成才计划则是学校选择其为现代学徒制试点合作伙伴最为关键的要素。目前百果园公司在广东省与15家高职院校进行"百果园店长班"的合作,在全国有近40家合作院校。坚实的校企合作基础,一方面保证了专业教学标准的顺利研制,另一方面有力地促进了专业教学标准在广东省乃至全国的推广和应用。

1.3 研究的内容与技术路线

1.3.1 研究的思路与内容

本著作是在实施现代学徒制的基础上,完成行业、企业、院校、专业和毕业生的相关调查,梳理出岗位职业生涯发展路径,确定职业岗位典型工作任务,完成岗位职业能力分析,构建现代学徒制的课程体系,完成专业核心课程的开发,制订人才培养质量评价标准,进行实施现代学徒制的条件分析与准备,最后尝试在广东省乃至全国成立10家百果园学院的连锁学院,推广高职院校市场营销专业教学标准的运用。研究的主要内容具体如下:

(1)市场营销专业人才供需分析;
(2)现代学徒制校企合作工作方案;
(3)职业店长岗位工作标准;
(4)职业店长人才培养方案;
(5)核心课程的开发;
(6)现代学徒制专业课教材开发;
(7)现代学徒制模式下的教学组织方案;
(8)人才培养质量评价标准;
(9)校企互聘互用师资队伍建设方案;
(10)百果园学院连锁学院建设方案。

1.3.2 研究方法和技术路线

本研究中,首先成立了由来自广州番禺职业技术学院、深圳百果园实业发展有限公司、相关行业协会等的共12名专业技术人员组成的项目组,制订详细、切实可行的项目研究计划和实施方案,举行开题报告会,邀请相关领导、专家对研究计划和实施方案进行论证和完善。然后,按照"边研究、边实践、边改革、边建设、边出成果"的工作方案,综合运用文献分析法、问卷调查法、访谈与座谈、个案分析与比较分析法、试验法等方法,分步展开项目实施。

1. 研究方法

1)文献分析法

通过搜集、整理、分析大量的相关研究文献资料,逐步理清对现代学徒制职业教育专业人才培养标准研究的思路,掌握职业能力分析、职业技术技能培养的科学规律。项目在研究过程中着重分析以下几种类型的文献资料：一是国务院、教育主管部门颁布的相关职业教育改革发展的政策文件；二是国外职业教育领域与现代学徒制、职业能力开发、职业资格标准、课程开发、技能考核等相关的资料文献；三是国内有关职业技术教育、专业教学标准、职业能力开发、课程开发等方面的著作、论文等资料；四是国内外零售行业规范、技术标准等文献资料。

2）问卷调查法

采用线上线下相结合的方式开展，主要针对毕业生、在校生、教师、合作企业及行业协会等利益相关者。在多所高职院校抽样调查市场营销专业新入学的学生，了解高职院校市场营销专业学生的学习需求及学习偏好情况。抽样调查约500名毕业生（毕业1年、3年、5年的毕业生各占一定比例），了解其职业发展路径、专业知识和技能在工作领域的应用等。抽样调查一定数量的在校学生，了解其专业学习情况，对专业课程设置、教学环节等方面的诉求。

3）访谈与座谈

针对在岗学徒、师傅、企业导师、职教专家、行业企业专家，采取访谈和座谈的形式，围绕项目研究的主题进行深度研讨交流，理清思路，澄清观点，归纳意见和建议。实地调研多所职业院校，了解市场营销专业在专业课程设置、人才培养方案、校企合作等方面的情况，了解订单班、顶岗实习、现代学徒制实施情况等。访谈多家行业企业，了解用人单位对市场营销专业学生的满意度及用人需求情况，特别是对实施现代学徒制的意愿和用人需求。组织多场小型研讨会、座谈会，召开职业能力分析会、课程体系设计研讨会，分析市场营销岗位工作任务、职业能力，确定人才培养目标，构建现代学徒制课程体系。

4）个案分析与比较分析法

通过对国内外职业教育典型案例的分析，为项目的研究和实践提供借鉴意义。主要通过对国外诸如英国、澳大利亚、德国等国的职业教育和职业标准开发、职业能力分析、课程体系设计、课程资源开发、现代学徒制实践、课程考核评价及人才培养效果评价等方法和案例进行分析，找出适合中国现代学徒制专业教学标准研制和实践的方法、路径。

5）试验法

本研究以店长职业教育集团为平台，让集团内的诸多职业院校和行业企业共享研究成果。通过在诸多单位应用标准，再进一步对标准进行调整和完善，以期在实践中根据各试点单位的实际情况，不断完善和提升，使标准有更广的应用范围和更大的应用价值。

2. 技术路线

本研究以行业企业人才需求分析、职业岗位能力分析为出发点，对接产业，服务行业，通过深化产教融合，加强校企合作，基于现代学徒制双元育人模式开展项目研究与实践探索，学习借鉴国外先进的职业教育理念和优秀经验，尊重职业教育教学规律，充分发挥行业企业在职业教育领域的发言权和优势，通过边研究、边实践、边完善、边提升的思路，开展项目的研制工作。具体的技术路线如图1-1所示。

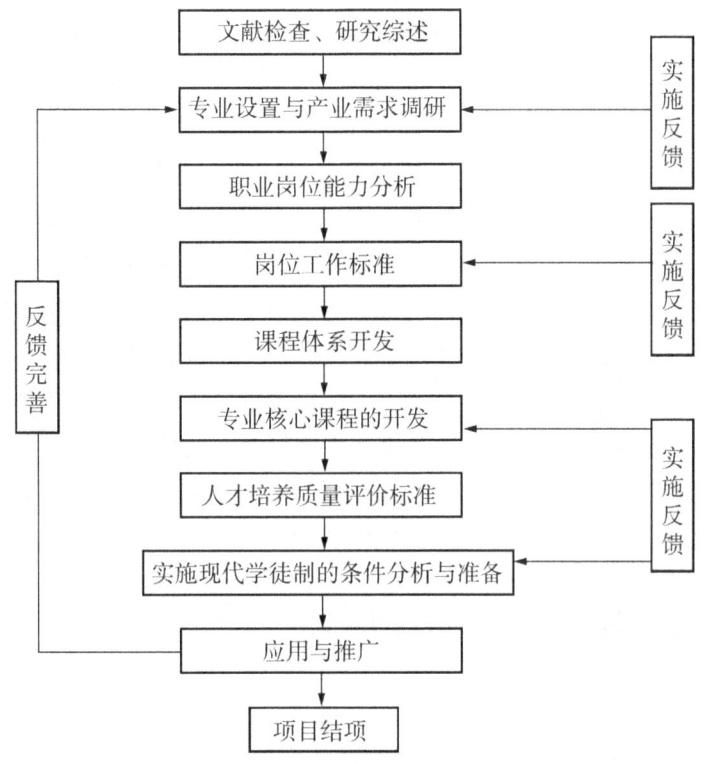

图1-1 项目研究技术路线图

1.4 研究的创新与特色之处

1. 市场营销专业人才培养定位由传统的岗位群变为"职业店长"

传统的市场营销专业一方面没有行业背景、产教融合，面向各行各业，基于学科体系的理论泛泛培养学生；另一方面，对学生的培养面向市场调查、销售、策划人员和客服等这样一个庞大的岗位群，这样培养出来的学生不仅对哪个行业都不"专"、对哪个企业都不"专"、对哪个岗位也都不"专"，难以适应企业激烈竞争的市场需要，也无法满足学生的学习要求，学生在市场干一个月要比在学校学一年收获更大。本研究基于现代学徒制，与果品流通行业中规模较大的企业——百果园公司合作，人才培养定位非常明确，就是"职业店长"。将来学生即使离开果品流通这个行业，不做水果专卖店店长，也能去其他行业的小型专卖店做店长。

2. 市场营销专业教学标准的研制体现"高等性""职业性"和"教育性"的有机融合

目前高职院校的人才培养大都面临"高等性""职业性""教育性"难以有机融合的瓶颈。

很多校企融合的课程事实上是"夹生饭"或"两张皮"。校内的课程以学科体系的理论知识为主，体现"高等性"却做不到"职业性"；而在企业的顶岗实习体现了"职业性"，却给人感觉就是让学生提前毕业，无法体现"教育性"，甚至，有些企业提供的岗位非但没有多少教育价值，更体现不了"高等性"。而本项目在课程专家、企业技术骨干和学校专业教师的共同努力下，开发校内"高等性""职业性"和"教育性"三者有机融合的项目课程，带薪学徒的企业课程就是在工作岗位上通过师傅带徒弟的方式实现"做中学"和"学中做"。

3. 首创现代学徒制连锁学院，有利于专业教学标准的广泛推广和应用

基于现代学徒制的专业教学标准研制缩小了行业、企业、岗位的研制范围，使研制过程更加聚焦，针对性更强，但将来广泛与长期的推广应用会受到一定程度的限制，这取决于合作企业的代表性、行业与企业的发展前景与规模等方面的因素。合作企业百果园公司属于朝阳产业，即使未来经营模式发生变化，但专业的定位也能随其转型升级；甚至即使这家企业倒闭，但行业仍会存在。这就为专业标准的推广提供了最有力的保障。校企共同设计人才培养方案，共同制订专业教学标准、课程标准、岗位标准、企业师傅标准、质量监控标准及相应实施方案后，项目组将在国内选择 10 家以上的高职院校，建立百果园学院的连锁学院，推广现代学徒制及专业教学标准。

1.5　研究成果推广与应用计划

1. 成果具有很强的可复制、可推广、可示范性

试点成果是否可推广、可示范，取决于选"点"的代表性、普遍性，也取决于成果的科学性和规范性。百果园学院试点选择的专业是市场营销专业，该专业在高职院校中普遍开设，2014 年仅广东省的高职院校市场营销专业就有 5284 名毕业生。百果园公司目前在全国与 30 余家院校合作，成立百果园学院进行现代学徒制试点，广州番禺职业技术学院是第一家。当校企共同探索出校企协同育人机制，制订出专业教学标准、课程标准、岗位标准、企业师傅标准、质量监控标准及相应实施方案并经过有效实施和完善后，即可迅速在全国复制，通过成立百果园连锁学院，将现代学徒制从广州番禺职业技术学院推广至全国。

2. 项目成果的推广及应用计划

（1）项目组在国内的高职院校师资培训项目中拥有很强的号召力和影响力，项目研究成果可通过广东省高职院校骨干教师培训项目和国家高职院校骨干教师培训项目开展现代学徒制市场营销专业教学标准的推广工作。计划每年举办五期以上的培训班，年培训人数 500 人以上。

（2）成立现代学徒制百果园校企合作联盟，并计划在两年内，争取成立 10 家百果园学院连锁学院，逐步建设成为百果园职教集团，在此基础上升级为店长职业教育集团，全面推广现代学徒制高职市场营销专业教学标准。

第 2 章 现代学徒制高职市场营销专业标准研制的调研

2.1 调研方案

1. 调研背景

2015 年广州番禺职业技术学院入选教育部 100 所高职院校现代学徒制试点单位，获得广东省教育厅现代学徒制市场营销专业教学标准研制项目立项。为了保证标准研制的科学、规范，保障市场营销专业现代学徒制试点工作顺利开展和确保试点成功，项目组启动了现代学徒制高职市场营销专业教学标准研制的调研工作。

2. 调研的目的与意义

为制订出符合当前及未来高职院校市场营销专业发展需要，符合市场需求和学生学习需求、职业发展需求的基于现代学徒制的市场营销专业人才培养标准，特明确调研目的与意义：

(1) 深入研究现代学徒制的理念和人才培养模式，借鉴国内外成功经验，避免走弯路，探索有中国特色、有广东区域经济特点的现代学徒制市场营销专业教学标准。

(2) 了解行业企业对市场营销专业学生的需求、对学生满意度及职业能力要求情况，明确现代学徒制人才培养的定位与主要工作岗位，为广东省相关高职院校市场营销专业与企业实施现代学徒制联合培养工作奠定基础，为现代学徒制市场营销专业课程设置及人才培养方式提供借鉴。

(3) 了解高职院校市场营销专业学生的学习需求、学习偏好、职业发展规划，为现代学徒制市场营销专业构建课程体系、优化教学方式方法提供依据。

(4) 了解现代学徒制市场营销岗位的典型工作任务、工作过程及对学生能力素质的要求，确定人才培养的规格，制订人才培养的课程体系及课程标准。

(5) 深入了解现代学徒制合作企业总体情况，对联合培养企业进行客观评估，确保现代学徒制遴选的合作企业是适合且符合要求的，确保人才培养标准的顺利实施，为其他学校与企业实施现代学徒制提供借鉴。

3. 调查对象

(1) 广州番禺职业技术学院及其兄弟院校市场营销专业大一新生(不少于 300 人)。

(2) 广州番禺职业技术学院及其兄弟院校市场营销专业毕业生(毕业1年100人，毕业3年100人，毕业5年100人)。

(3) 兄弟院校(20所以上)。包括杭州职业技术学院、浙江商业职业技术学院、安徽财贸职业学院、安徽工商职业学院、九江职业技术学院、江西财经职业学院、深圳职业技术学院、深圳信息职业技术学院、东莞职业技术学院、顺德职业技术学院、中山职业技术学院等。

(4) 中国连锁经营协会、广东省连锁经营协会、深圳市连锁经营协会等行业协会。

(5) 市场营销专业用人企业。以百果园公司为主，同时针对学生就业数量比较多的行业企业和标杆企业展开调研，包括沃尔玛、麦德龙、迪卡侬、永辉、百安居、华润万家、美心西饼、绿叶居西饼、骏和通信等60多家企业。

4. 调研内容及调查方法

1) 现代学徒制相关理论的文献研究

通过文献调查法，查阅大量文献资料，了解国内外现代学徒制的发展现状，研究现代学徒制的内涵、发展模式及运行机制等；重点研究德国、英国、澳大利亚、瑞士、美国的现代学徒制，总结经验，结合广东地区实际，探索符合国情和校情的现代学徒制模式。

2) 兄弟院校实地考察调研

①了解兄弟院校市场营销专业的人才培养模式、深度校企合作模式、现代学徒制实施情况、人才培养设计、课程体系设计等。

②深入了解兄弟院校的校企合作状况，了解订单班、现代学徒制、顶岗实习等实践教学环节的实施情况。

3) 高职市场营销专业学生调研

采取线上、线下问卷调查与座谈会的形式开展调研。调研的具体内容包括：
①高职学生选择市场营销专业的目的。
②高职学生想从市场营销专业学到什么？
③市场营销专业的学生的就业意向是什么？
④喜欢什么样的学习方式？
⑤对人才培养的效果的意见和建议。
……

4) 深度校企合作企业、行业协会等调研与访谈

采取实地考察调研和问卷调查相结合的方法，着重调研深度合作企业的发展现状、用人需求、培训育人能力、员工发展规划、现有订单班学生和学徒对合作企业满意度等；调研行业整体发展趋势、用人需求、职业发展规划等。

5. 调查问卷

(1)《行业企业市场营销岗位人才需求调查问卷》详见本书附录1。

(2)《学生对现代学徒制联合培养企业的满意度调查问卷》详见本书附录2。

2.2 调研的样本分布及抽样情况分析

1. 文献资料样本

项目组从国外现代学徒制实施成效比较突出的国家中，重点选取德国的双元制、澳大利亚 TAFE 模式、英国的"三明治"模式、瑞士的"三元制"模式和美国的"合作教育"模式等典型案例和研究文献进行分析。从 500 多篇现代学徒制相关研究文献中，筛选出 120 多篇核心期刊文献进行专门研究，并进一步筛选出 30 多篇关于专业教学标准、职业能力分析等的核心期刊文献进行重点分析。

2. 高职院校实地考察

项目组通过实地考察的方式调研了 21 所高等职业院校，了解其市场营销专业的课程设置、人才培养方案情况、校企合作状况，了解订单班和顶岗实习情况。调研的学校主要有：杭州职业技术学院、浙江商业职业技术学院、安徽财贸职业学院、安徽工商职业学院、九江职业技术学院、江西财经职业学院、深圳职业技术学院、深圳信息职业技术学院、东莞职业技术学院、顺德职业技术学院、无锡职业技术学院、山西财政税务高等专科学校等。

3. 学生调研组样本

(1) 在校生样本情况。采用整群抽样法在广州番禺职业技术学院、顺德职业技术学院、东莞职业技术学院各抽取市场营销专业大一新生 129 人，大二、大三学生 256 人，使用问卷调查法和学生座谈会的形式了解高职院校市场营销专业学生的学习需求及学习偏好情况。

(2) 毕业生调研样本情况。通过实地调查的方式在 20 多家职业院校中抽取市场营销专业毕业生共 483 人（毕业 1 年 116 人，毕业 3 年 185 人，毕业 5 年 182 人），应届毕业生 257 人；网络调查的样本来源于全国的职业院校市场营销专业，问卷共 653 份。采用问卷调查、深度访谈、电话调查的方式进行了毕业生的满意度调查。

4. 企业调研样本情况

项目组通过实地考察法、问卷调查法和访谈法调查学生就业集中度相对比较高的企业，包括百果园、名创优品、永辉、华润万家、绿叶居、麦德龙、迪卡侬、百安居、骏和通信等 60 多家企业，了解用人企业对市场营销专业学生的满意度及用人需求情况，特别是对实施现代学徒制人才培养模式的意愿和用人需求。具体样本情况如下。

(1) 被调查单位的性质。此次被调查的用人单位共有 63 家，其中国有企业 4 家，占样本总数的 6.3%；民营企业 47 家，共占样本总数 74.6%；个体工商户 9 家，占样本总数的 14.3%；外资、合资、事业单位各一家，共占样本总数的 4.8%。民营企业是职业院校市场营销专业毕业生就业的主要需求方。

(2) 被调查单位的规模。在调查的 63 家用人单位中，有 9 家单位的员工规模在 50 人及以下,占样本总数的14.3%;有12家单位的员工规模是51～100人,占样本总数的19%;有16家单位的员工规模是101～500人,占样本总数的25.4%;有18家单位的员工规模是501～1000人,占样本总数的28.6%;有8家是1000人以上的大企业,占样本总数的12.7%。调查的样本涵盖大中小型企业,比例分布较均匀,具有一定的代表性和针对性。

(3)被调查单位所在的行业分布情况(图2-1)。被调查的63家企业中,有18家属于批发零售业,有11家属于房地产及其附属服务业,9家属于商业服务业,6家属于交通运输、仓储业,7家属于公共服务业,其余的行业分布较少。

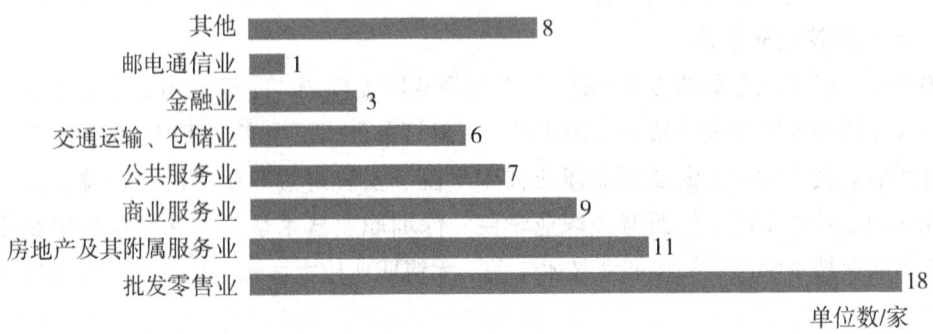

图2-1 被调查单位所在行业分布情况

2.3 调研结果分析

2.3.1 市场营销人才需求情况分析

1. 国内市场营销从业人员现状

目前,我国企业市场营销工作最薄弱的环节是缺乏职业化的队伍,这是直接导致企业自身营销系统及客户系统失控、财务风险加大、企业经济效益不佳的重要因素。我国营销人员队伍主要由三部分人员组成。第一部分是各企业原供销人员,这部分人虽然有丰富的实际工作经验,但其中许多人缺乏市场营销理念,甚至还保留有不少计划经济体制下的思维方式;第二部分是一些没有专长但有一定社会关系的人员,这部分人既缺乏营销实践经验,又没有现代市场营销理念;第三部分是从各类院校市场营销专业毕业的专业营销人员,这部分人既有系统的营销理论,又在实践中得到锤炼,具有较强的专业水准。

从目前营销人员整体现状来讲,前两部分人员占了营销队伍的绝大多数,后一部分人员比例很小,这种状况显然不符合营销队伍职业化要求,严重制约着企业新的营销理念的形成和营销机制的建立。

2. 市场营销人才需求情况

1）市场营销岗位高居用人单位职位需求之首

根据《2014—2015年全国部分省市人才服务机构市场供求情况分析报告》中用人单位职位需求前5位的排名情况看，市场营销/公关/销售类职位的需求量在2014年全年和2015年第一、二季度一直高居榜首，远远高于其他岗位。对实习企业和用人单位的调研，也印证了这一现实需求。

2）行业企业急需大量中、高级市场营销专业人才

目前我国正处于经济飞速发展以及市场竞争加剧时期，在经济飞速发展的过程中，各行各业对市场营销专业人才均有较大需求，这就为市场营销专业提供了广阔的发展前景。根据南方人才市场现场招聘中各专业需求所占比例的统计数据，市场营销职位近年来均位列需求职位的前十位。在广东企事业单位（尤其是中小企业）中，从事基层市场营销工作的人员基本素质较差，中职学历以下的从业人员比例接近半数。这部分从业人员知识更新速度慢，较难适应目前新的经济形势对市场营销工作提出的新要求。近年来大部分中、高职院校市场营销专业毕业生都可找到专业对口的工作，足以证明市场营销专业社会需求状况较好。

3）经济发展需要更多高层次复合型市场营销人才

随着经济社会发展和产业结构转型升级，消费者的需求也在不断升级和趋向多元化，并且随着互联网技术和移动通信技术越来越多地应用在营销领域，消费者希望更加便利地进行购买和消费，希望拥有更好的消费体验。这一系列的变化，对营销岗位从业人员提出了更高的要求：既要了解市场趋势、掌握营销技术和工具，又要懂消费者，把握其消费行为、消费心理、消费习惯，甚至要能引领其消费，这就需要院校培养更多高层次复合型营销技术技能型人才。

4）市场营销专业毕业生就业行业以商业、贸易业为主

针对市场营销专业毕业生的就业行业的调研结果显示，毕业生的就业行业主要集中在商业、贸易业（30.6%），制造业（10.1%），信息咨询服务业（8.1%），教育业（7.5%），金融保险业（6.0%）等，如表2-1所示。

表2-1 市场营销毕业生就业行业分布情况

行业	就业数量/人	占比/%
制造业	49	10.1
建筑业	7	1.4
电力、煤气和供水业	9	1.9
金融保险业	29	6.0

续上表

行业	就业数量/人	占比/%
旅游业	27	5.6
房地产业	16	3.3
邮电通信业	9	1.9
商业、贸易业	148	30.6
行政机关和社会团体	2	0.4
教育业	36	7.5
科学研究业	11	2.3
新闻业	2	0.4
出版业	12	2.5
交通运输仓储业	29	6.0
医疗卫生业	17	3.5
艺术和广播电视业	9	1.9
信息咨询服务业	39	8.1
其他	32	6.6
合计	483	100.0

从表 2-1 可知，毕业生的就业行业以商业、贸易业为主。经与企业访谈发现，连锁零售企业对现代学徒制的办学模式和人才培养模式更有兴趣，且他们对高职人才的需求和定位很清晰，希望培养"店长"这类人才。

2.3.2 行业发展及人才需求趋势

1. 零售业发展总体特征与发展趋势

据商务部监测数据显示，2014 年 1—12 月，5000 家重点零售企业销售额增长 6.3%，较上年回落 2.6 个百分点；专业店、超市和百货店分别增长 5.8%、5.5% 和 4.1%，比上年分别回落 1.7、2.8 和 6.2 个百分点；购物中心虽增长 7.7%，但也比上年放缓 4.5 个百分点。但 5000 家重点零售企业的网络零售增长 33.2%，比上年加快 1.3 个百分点。电商快消品类的增长率开始下降，从 2014 年的 60% 下降到 20%；与此同时，61% 的消费者认为线下购物所带来的愉悦体验是不可替代的，34% 的消费者希望在购买网上产品前有所体验。

在移动互联网的迅猛发展下，传统零售业的业态升级改造已经成为必然趋势。体验式消费、个性化定制、大数据应用将成为传统零售业新的经营利器，新技术与传统商业的结合将促进新业态的产生（图 2-2）。2015 年国务院印发《关于推进线上线下互动加快商贸流通创新发展转型升级的意见》，提出大力发展线上线下互动，推动实体店转型，促进商业模式创新。

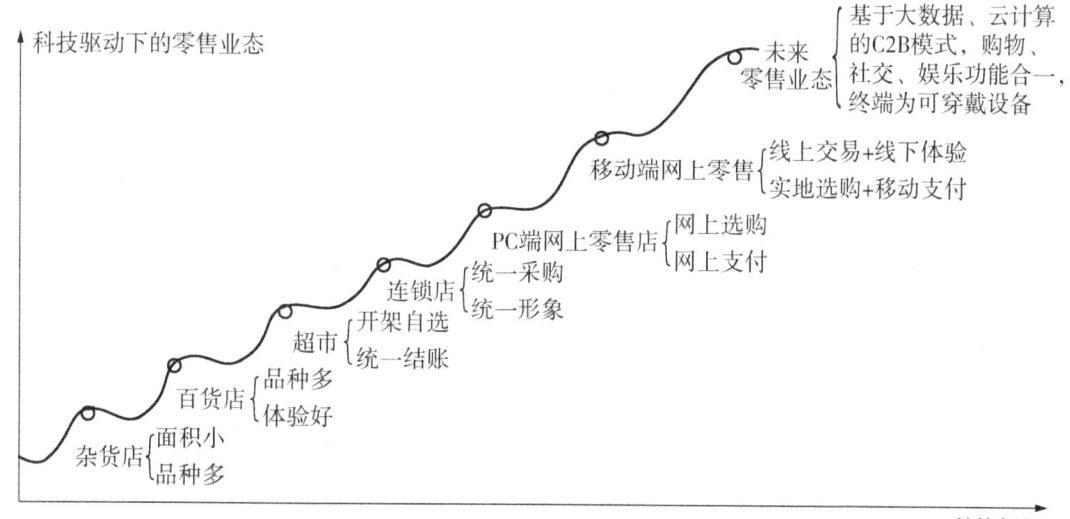

图 2-2 商业业态演进路径*

2002年连锁零售百强企业销售额是2465亿元，2014年达到20964亿元；2002年连锁零售百强企业有门店16986个，2014年达到107366个；2002年连锁零售百强企业中外资占828亿元，2014年外资达到4248亿元；以上数据充分表明连锁零售业在流通流域中的重要地位。连锁零售业发展显现出的趋势特征包括网络零售规模继续保持高速增长、实体零售店加速转型调整提升客户体验、零售业向全渠道模式转型、跨境电商成为新的增长点、移动购物主流化等。连锁经营一直以来是商贸流通业的一种经营业态，如今连锁经营与相关产业边界已日益模糊，连锁经营与金融、移动互联网、动漫、旅游、文化等形成融合化的发展新格局。

依据《2014年度广东省连锁经营发展报告》，2014年度广东连锁五十强企业全年销售规模4112亿元，占全省社会消费品零售总额的14.4%，门店总数73552间，与2013年度对比，销售规模增长5.6%，门店总数增长11.9%。2015年11月广东省发布《关于促进内贸流通健康发展的实施意见》，发展连锁经营成为政策支持要点之一。

2. 连锁零售业人才需求现状与趋势特征

国家信息统计中心有关调查数据显示，中国零售业在未来几年各类专业人才的需求量约为1000万人，而市场供应量仅有400万人左右，专业人才缺口很大。

依据《2014年中国连锁行业基础岗位人才需求调研报告》，连锁企业对中职生需求量最大，占比77%，对大专生需求占比是14%（图2-3）。在连锁企业可以为大专毕业生提供的工作岗位中，门店运营居首位，具体如表2-2所示。

---

* 来源：张琼. 移动互联网+视域下零售业态演变路径及对策[J]. 中国流通经济，2016(2).

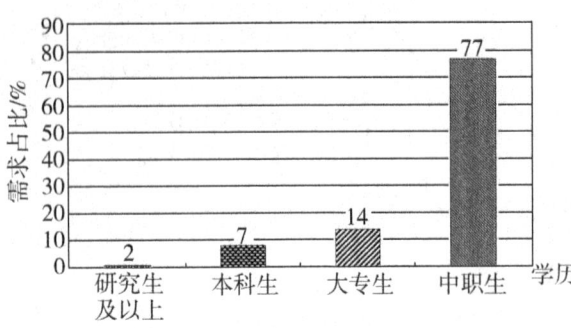

图2-3 连锁企业未来三年各类人才需求占比

表2-2 连锁企业愿意为大专毕业生提供的工作岗位

企业愿意提供的岗位	占比/%
营业推广	19
门店运营	27
物流配送	17
安全防损	12
客户管理	15
招聘培训	8
其他	2

综上,伴随着中国经济步入新常态,连锁零售业进入转型升级的调整期。通过互联网、大数据、虚拟现实等新技术的运用及经营模式创新,重塑企业价值是行业发展的主流趋势。在创新原有商业模式的过程中,必然会涉及经营理念转变、价值链重新定位、盈利模式创新、组织结构调整等一系列变革,需要建立与改革相匹配的人才队伍。店长人才是决定连锁体系成长速度的关键,也是企业商业模式转型落地的先锋执行者。企业、学校、行业协会等多方协同培养店长人才已经成为关乎连锁零售业发展的战略选择。

3. 连锁零售业对"店长类"人才的需求情况

我国国民经济"十三五"规划制定了扩大内需发展战略,提出了社会消费品零售业年均增长率达到15%的战略目标。我国现代服务业迅猛发展,零售业面临转型升级,工厂店、专业零售连锁店、超市连锁店和便利店等业态形式发展迅速,对人才需求更显迫切。零售店长人才已经到了稀缺的程度,一"长"难求的现状,导致了同业间挖角成风。

以合作企业百果园公司为例,2015年新开580家连锁店,招聘培养600名店长,招聘近5000名店员;2016年新开820家连锁店,招聘培养800名店长,招聘近6000名店员。

又如"名创优品",以优质低价挑战线上电商和线下传统百货,从2013年9月创立至2019年底,在全球开店4000家,急需店长人才支撑企业的战略发展。

2.3.3 市场营销专业人才培养情况

1. 国内市场营销专业人才培养情况

1)大陆地区市场营销专业人才培养情况

20世纪80年代,随着中国改革开放和市场经济改革的推进,市场营销这一兴起于20世纪初的学科逐渐被引入国内的高校。经调查,2015年全国共有536所高职院校开展市场营销专业的招生工作,分布在全国31个省(自治区、直辖市)。通过分析,目前开设市场营销专业的高职院校大致分为以下三类。

第一类是属于原供销系统、经贸系统的中专升格或专科院校转型而成的商贸类职业学院。这些学院的市场营销专业有商贸行业背景，开设早，专业建设成果积累丰厚，是其核心和优势专业。这些院校基本上都将市场营销专业作为发展重点，各种政策和机遇都会向该专业倾斜，招生规模普遍大于其他专业，其整体建设水平高于其他院校。这类学校主要有：浙江商业职业技术学院、北京财贸职业学院、无锡商业职业技术学院、山东商业职业技术学院、广东农工商职业技术学院等。

第二类是行业类职业技术学院。这些学院结合行业特色，侧重于培养行业内需求的营销人才，比如交通类、机电类、工业类、医药类、轻工类、纺织类、农林类、水利水电类等行业类职业技术学院。比较有代表性的职业院校有北京工业职业技术学院、承德石油高等专科学校、山东服装职业技术学院、常州机电职业技术学院、浙江水利水电职业技术学院、广东轻工职业技术学院、广东铁路职业技术学院、广东食品药品职业学院等。这类院校的市场营销专业常常被作为服务本行业的特色专业去建设，有一定的先天优势，专注于为细分行业进行人才培养，有行业特色。但由于行业内人才需求的局限性，往往招生规模不是很大，并且随着行业壁垒的逐渐清除，该类院校营销专业在行业内人才供给市场的优势将逐渐消失。近几年，部分院校也逐渐面向社会所有行业去培养营销人才，反而回到了综合类职业院校初始的专业发展道路上。

第三类是综合性职业院校。基于社会上对于营销专业人才需求一直保持在前十位的现实情况，该类职业院校市场营销专业的规模基本保持在平均水平，但多数学校没有任何行业背景，面向社会培养"万金油"式的营销人才，所以在专业建设、课程建设、人才培养方面很难形成特色。广州番禺职业技术学院市场营销专业虽然设立的时间不长，但得益于广东商贸行业发展的先天优势和国家示范建设、省示范建设的机遇，瞄准地方经济特色、服务地方产业，从2006年专业设立起就开始面向商贸企业如麦德龙、百安居、好又多、大润发、沃尔玛、龙粤、骏和、百果园、名创优品等开展深度的校企合作，开设了校内生产性实训、为期半年的企业专项订单培养、企业真实教学项目等实践教学环节，并于2014年成立校企合作学院百果园学院，在全国营销类专业中率先开展现代学徒制人才培养模式培养职业店长，成为这类院校营销专业里面的特例。

2）台湾地区市场营销专业人才培养情况

我国台湾地区市场营销专业建设情况如表2-3所示。

表2-3 台湾地区市场营销专业建设情况

教师队伍	课程建设	教学内容与组织	学生培养
1. 具备5年的教学经验和4年以上的企业工作经验 2. 鼓励教师建立教师社群，进行教学、学术或管理等方面的研讨和分享	1. 课程衔接市场，务实致用 2. 注重实践能力的培养，实践学分占到总学分的三分之一以上	1. 把社会实践和未来工作联系起来，由企业人员担任相关课程的教学 2. 鼓励学生参与各种国际比赛，以赛促教 3. 提高动手能力，也注重"通才"的培养	1. 生源主要为来自中专和职校的学生 2. 企业和学校联合培养学生，以期学生能满足企业职业岗位需求 3. 注重学生国际化、产业化和创新化视野

2. 国际市场营销专业人才培养情况

1）美、德等欧美国家情况

美国是现代市场营销学的发源地，其高校教育也较为先进，值得我们借鉴和学习。德国是目前"双元制"人才培养做得比较成功的国家，其高职市场营销的教育与企业联系密切，在培养过程中注重实践过程、方法训练和能力培养。表2-4是美国、德国市场营销专业的人才培养情况。

表2-4 美、德市场营销专业人才培养情况

国家	教师队伍	课程建设	教学内容与组织	学生培养
美国	1. 必须具有本专业的实际工作经验以及相应的职业资格证书 2. 教师必须不断地调整他们的教学方法和内容 3. 各州设有专门的机构协调学院和企业界的联系，为教师到企业实践提供各种机会 4. 特别注重对兼职教师教学技术的短期培训，以帮助他们掌握一定的课堂教学技能	1. 实践课程学时占总学时的50%甚至更多 2. 注重在实践课程中运用科学的方法和知识解决在实践中遇到的问题 3. 校企双方共同开发课程	1. 教师的课堂教学通常对外开放 2. 确保教学内容的实用性和与专业发展联系的紧密性 3. 紧密联系当前行业发展对于人才的技能需要，真正做到课程设置的"实用性"和"理论性"的有机结合 4. 做好顶岗实习与校内实训的有机衔接，以确保毕业生既有专业知识，又有专业技能	1. 学生培养与行业企业技能要求联系紧密 2. 企业为学生提供一线的实训岗位和优秀实训指导教师，并通过对学生的观察选拔自己需要的人

续上表

国家	教师队伍	课程建设	教学内容与组织	学生培养
德国	1. 有严格的师资队伍建设制度 2. 大部分学院还把应聘者与企业界的联系能力作为重要的参考指标 3. 企业兼职教师应为具有高级工或工程师资格的人员	1. 人才培养目标十分明确，围绕目标设置课程 2. 理论课程与实践课程交叉开设，促进学生专业技能的提升	1. "企业需要什么，学校就教什么，学生就学什么" 2. 注重工学结合的教学方法 3. 强调学生必须养成严格规范操作的习惯	1. 严把招生准入关。学生具有双身份，既是学生又是"准员工" 2. 校企双方共同成立专业委员会，企业直接参与专业建设，和学校共同制订教学计划、毕业考核等 3. 校企双方通过双元制模式紧密融合、休戚与共

近几年国内的高职教育理念、教学方式等基本上与欧美职业教育发达的国家和地区相差不大，国内的部分高职院校也在不断吸收国外高职教育先进的理念和教学方式，力求把专业人才培养做好做实。国内高职院校市场营销专业与美国、德国等高水平职业院校相比，关键差距有五个方面：

一是实施环节的问题，主要体现在高职教育理念还不能完全落地。

二是教师和学生的职业精神和职业素养还相对较低。

三是国内的职业资格标准相对不完备，而国外基于完善的职业资格标准开展的职业教育已经有了非常明确的指引和导向。

四是企业缺乏对职业教育的支持和投入热情，或者说国内缺乏对于企业支持职业教育的政策保障机制。

五是学生、家长及社会对于职业教育的认同度还不高。

2）新加坡情况

作为有较多华人聚集的地区，新加坡的高职教育发展历史较久，有许多值得我们借鉴和学习的地方。新加坡清晰的职业教育体系为其人才培养提供了很好的基础，与地方经济、行业企业的紧密结合，使得其人才培养务实致用。表2-5是新加坡的市场营销专业人才培养的基本情况。

表 2-5 新加坡市场营销专业人才培养情况

教师队伍	课程建设	教学内容与组织	学生培养
1. 需要具备 5 年或以上的企业工作经验或实践经验 2. 每年需到企业锻炼，参加一线工作并协助企业解决问题	1. 根据政府人力开发的需求，研究行业、企业的人才培养 2. 企业全程参与人才培养方案及课程的定制 3. 制订适合企业要求的人才培养方案和课程体系	1. 课程教学始终围绕企业要求和职业资格证书进行 2. 突出学生的参与和协作能力 3. 注重学生的实践能力。建立"教学工厂"，课程引进真实的企业实践项目	1. 以人为本，注重"先会后懂"，培养学生的自我学习和独立思考能力 2. 校企密切合作。企业高度参与学生的培养，通过提供真实的项目和实习，全程对学生进行指导、评价 3. 注重国际合作，为学生提供国际实习和就业机会

从以上情况来看，我国大陆地区高职院校市场营销专业目前的教学方式、人才培养模式等与新加坡、我国台湾地区比较相似，不过各院校在师资建设、学生国际化视野培养方面还是有一定的差距。

2.3.4 市场营销专业职业岗位(群)及所需能力素质分析

根据行业企业的实际需求，市场营销专业学生的就业领域非常广泛——各行各业只要有销售，就有营销职业存在的空间。项目组对被调查的 63 家企业的数据整理分析情况如下。

1. 企业所需的高职院校营销专业职业类型

被调查的 63 家企业数据显示(如图 2-4)，企业对市场开发类岗位的营销人员需求量是最大的，占总体样本的 38%，远远高于其他类型的职位。其次是营销管理类(店长)占 24%，营销策划类占 20%，市场调研类占 10%，客服类占 6%，文秘等其他岗位占 2%。

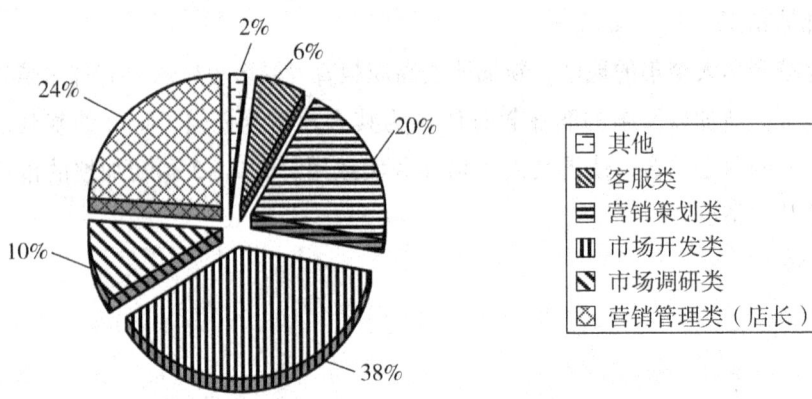

图 2-4 公司所需的高职营销专业职业类型的分布情况

2. 企业招聘市场营销人员时考虑的主要因素

63家被调查企业在招聘市场营销人员时考虑的因素统计汇总结果如表2-6所示(在调查中,要求企业对首先考虑的因素在该项括号内填数字1,第二考虑的因素填数字2,以此类推)。通过对表2-6中的数据进行横向和纵向的比较分析,利用频数统计法,可以明显看出企业在招聘营销人员时第一考虑因素是综合素质,第二考虑因素是工作态度,第三考虑因素是工作经验,第四考虑因素是专业技能,第五考虑因素是学历,接下来才是证书和毕业院校等因素。

在研制现代学徒制市场营销专业人才培养标准、课程体系设计、课程标准等内容时,以上的调研数据可以作为借鉴和参考,整体提升学生的综合素质、培养学生良好的工作态度、提升学生的专业技能水平是市场营销专业人才培养的重点。

表2-6 企业招聘营销人才时考虑的主要因素

选项	第一因素	第二因素	第三因素	第四因素	第五因素	第六因素	第七因素	第八因素
学历	5	1	11	9	20	16	1	0
毕业院校	0	2	4	3	14	15	16	0
综合素质	28	14	15	6	1	0	3	0
工作态度	22	32	5	0	2	4	0	0
工作经验	6	13	19	14	8	2	0	0
专业技能	9	5	8	27	7	4	16	1
证书	0	1	3	1	10	19	22	0
其他	0	0	0	0	0	0	0	26

3. 市场营销专业学生需要培养的专业技能

调查数据显示,企业认为营销人员最需要培养的首先是推销能力,其次是营销管理、策划、调研、公关谈判能力,具体数据如表2-7所示。此外,被调查企业认为营销人员也需要具备企业管理能力、创新能力、经济法律知识、贸易知识、财务知识、广告设计能力等。

表2-7 市场营销专业人员具备的专业技能

能力类型	推销能力	营销管理能力	策划能力	调研能力	公关谈判能力	其他
占比/%	25	15	14	13	11	22

4. 市场营销专业职业能力和工作任务分析

通过职业院校实地调研、座谈,行业企业调研、访谈,毕业生调研、座谈,结合文献初步梳理出市场营销专业职业能力和工作任务(如表2-8所示)。

表2-8 市场营销专业职业能力和工作任务分析表

职业岗位	职业能力		关键能力	专业任务要求	
	专门技术能力				
	专门技术	专门技术单元		任务名称	任务要求
营销策划	市场调研和分析	1. 设计问卷 2. 问卷访问 3. 市场调查预测 4. 消费行为分析 5. 调查统计、归类	（一）学习能力： 1. 收取信息能力 2. 触类旁通能力 3. 理解新政策的能力 （二）工作能力： 1. 提出营销方案、完成销售任务的能力 2. 发现问题、解决问题的能力 3. 团队合作能力 （三）创新思维能力：提出多种策划方案和销售对策的能力	市场调研	1. 制订市场调查计划 2. 市场调查实施 3. 分析调查资料 4. 撰写调查报告 5. 市场预测分析
	营销策划技术	1. 营销策划和管理控制 2. 项目调查和分析 3. 营销组合策略 4. 网络营销策划 5. 活动策划		营销策划	1. 熟悉营销策划原理 2. 营销管理控制 3. 各种营销组合的运用 4. 熟悉网络营销
销售主管	产品推销技术	1. 推销技术 2. 谈判技巧 3. 人际沟通 4. 商务礼仪 5. 营销服务技能 6. 合同制订		产品推销	1. 熟悉商务谈判 2. 掌握推销技巧 3. 较强的沟通能力 4. 熟悉商务礼仪 5. 营销服务技能的运用 6. 合同的撰写和评价
	营销管理和控制	1. 营销组织协调 2. 分渠道管理 3. 客户关系管理 4. 员工培训激励 5. 财务管理		市场营销管理和控制	1. 组织和协调销售活动 2. 渠道管理 3. 销售账务管理 4. 销售人员管理

2.3.5 市场营销专业毕业生整体就业情况

1. 市场营销专业中职毕业生毕业1～3年就业岗位情况

调研统计显示，市场营销专业中职毕业生毕业1～3年的就业岗位，主要集中于营销员（54%）、业务员（6%）、客服员（5%）和市场调研员（11%）等岗位，如图2-5所示。

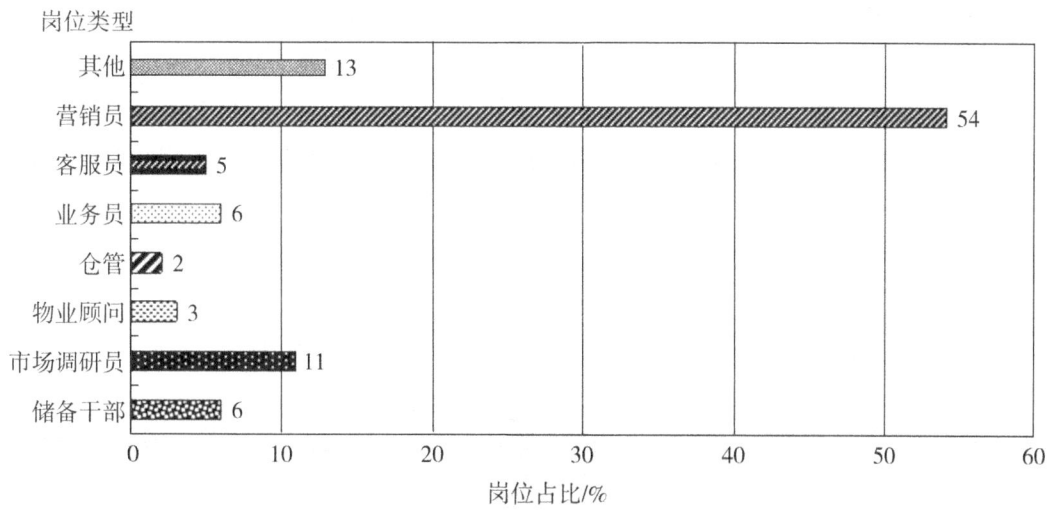

图2-5 市场营销专业中职毕业生毕业1～3年就业岗位分布

2. 市场营销专业高职毕业生毕业1～3年就业岗位情况

调查统计显示，市场营销专业高职毕业生毕业初期就业岗位集中在营销员(13%)、业务员(10%)、客服主管(4%)、调研员(4%)。

由前述可知，市场营销专业中、高职毕业生的初期就业岗位主要是营销员、业务员、调研员、客服员(主管)，因此这四类岗位的典型工作任务、职业能力要求可作为市场营销专业中高职衔接教学标准和课程标准研制的重要基础。

3. 市场营销专业中职毕业生毕业3～5年就业岗位情况

从图2-6可知，市场营销专业中职毕业生毕业3～5年就业岗位的分布情况是：营销员(12%)、营销主管(26%)、营销经理(2%)，业务员(14%)、业务主管(22%)、业务部长(2%)、业务经理(1%)，市场调研员(5%)、市场专员(7%)，客户服务主管(8%)、客户服务经理(1%)。

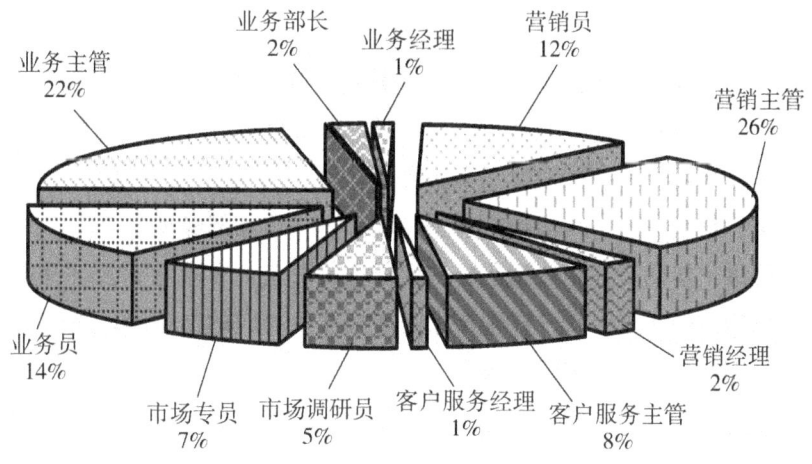

图2-6 市场营销专业中职毕业生毕业3～5年就业岗位分布

4. 市场营销专业高职毕业生毕业3～5年就业岗位情况

从图2-7可知，市场营销专业高职毕业生毕业3～5年的就业岗位分布情况是：营销员(13%)、营销主管(21%)、营销经理(11%)，业务员(9%)、业务主管(19%)、业务部长(13%)、业务经理(3%)，市场调研员(1%)、市场专员(4%)，客户服务主管(4%)、客户服务经理(2%)。

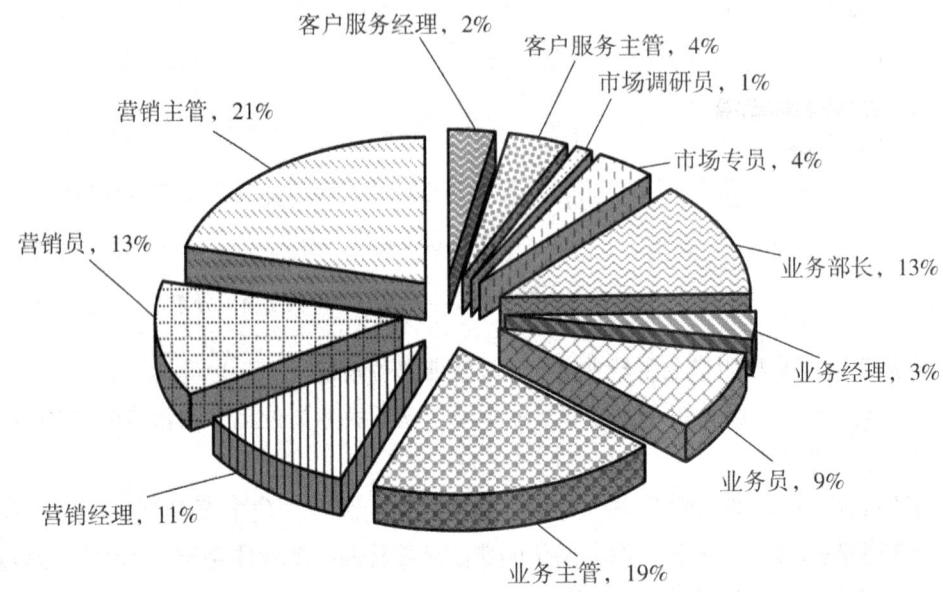

图2-7 市场营销专业高职毕业生毕业3～5年就业岗位分布

2.3.6 市场营销专业学生职业生涯发展路径

通过对市场营销专业中、高职毕业生跟踪调研可知，本专业毕业生就业岗位主要集中在营销管理类、市场开发类、客户服务类、市场调研类等四大类岗位。各类岗位的职业发展路径如下。

营销管理类：营销员—营销主管(店长)—营销经理—营销总监。

市场开发类：业务员—业务主管—业务部长—业务经理。

客户服务类：客服员—客服主管—客服经理。

市场调研类：市场调研员—市场专员—市场经理—市场部经理。

项目组通过进一步的行业企业调研，广泛征询行业企业专家意见，与行业企业专家一起将一些不同的岗位概念进行统一并确定中高职毕业生对应的岗位群，梳理出市场营销专业学生职业发展路径表，详见第3章表3-1。

2.4 调研结论

2.4.1 现代学徒制文献资料研究结论

1. 国外现代学徒制研究

现代学徒制起源于德国的职业培训。第二次世界大战结束后，职业培训成为德国职业教育的主导模式，并逐渐形成了配套的国家制度、教育制度模型，推动了社会经济的快速发展，其成果与经验得到了世界许多国家的认可和借鉴。西方经济发达国家的政府高度重视现代学徒制，并有明确的法律、政策和制度上的支持与保障。2006年成立的"国际现代学徒制创新研究网络"（International Network on Innovative Apprenticeship，INAP）调查研究显示，在不同的国家体制与背景下，现代学徒制的实现形式也不同，且学徒制教育实践正在不断地发展与创新。目前，根据现代学徒制的人才培养方式和实施手段的不同，可以把现代学徒制实践形式概括为四种典型代表，分别为澳大利亚TAFE模式、英国的"三明治"模式、瑞士的"三元制"模式和美国的"合作教育"模式。

2. 国内现代学徒制研究

由于国内于2015年才开始现代学徒制人才培养的探索与实践，关于学徒制的研究专著并不是很多。翟海魂在《发达国家职业技术教育历史演进》里阐述了传统学徒制、行业学徒制及近代各国学徒制的发展。徐国庆在《职业教育课程论》中分析了学徒制的历史、教育过程，学徒制中职业教育课程基因等问题。相对而言，关于现代学徒制的论文多一些，而大多数论文集中于学徒制内涵研究、类型研究、国际比较研究，西方学徒制及其对中国学徒制的启示借鉴方面的研究。

国内高职院校近年来开始探索试点现代学徒制，不管是在理论还是实践上都还处在探索的初级阶段。项目组通过调研发现，目前虽然高职院校现代学徒制试点已取得了较大的进步，但由于历史和现实的原因，在宏观上尚未探索到一条切实有效的政校行企联动机制。在微观实施层面上，各个试点院校在实施中也遇到了各种问题和障碍，主要表现在三个方面：一是"现代学徒制"的内涵把握不够准确，社会对现代学徒制认知度低，招生困难；二是目前现代学徒制合作企业整体积极性不高，导致学校在寻找合作企业时很难找到适合的企业；三是还没有针对现代学徒制建立具体有效的实施方案和与之匹配的校企管理机制。

2.4.2 现代学徒制是最符合职业教育教学规律的育人模式

现代学徒制提供了从学校到职场最佳的过渡模式，在学校教育和就业之间建立了两个过渡带(从学校到学徒,再从学徒到就业),真正实现学校与企业的"零对接"。

2.4.3　现代学徒制破解了企业人力资源难题

企业作为经济人,在实施现代学徒制过程中,自然会权衡内部培训、外部招聘和学徒制项目成本及收益之间的平衡问题,关心现代学徒制实施后对企业经济效益、人才培养和企业发展的影响。英国商业创新与技能部(BIS)对企业实施现代学徒制后的效果跟踪调查显示,参与现代学徒制给企业带来的利益是巨大的。现代学徒制不仅为企业人力资源管理工作带来许多直接利益,如降低工资成本、留住人才、提升工作效率、改善企业产品质量等,还可以为企业带来引入新思想、获得商业机会和提升企业形象等间接利益。在国内经济新常态下,企业人力资源呈现招工更加困难、人员流动性更大、培养成本更高、用工成本不断增加等问题。在联合培养企业进入了高速发展快车道后,为了控制规模扩张带来的风险,商业企业一般会秉承"人才增长的速度>利润的增长速度>开店的增长速度"这一经营与管理的原则。通过实施现代学徒制,依托国家大力发展职业教育的政策支持以及相关院校的各种优势资源,进行校企双主体合作办学,在一定程度上可以解决企业用工难的问题,为企业实现长期战略人才管理创造了条件。

2.4.4　现代学徒制市场营销专业定位非常清晰

高职院校传统的市场营销专业没有行业背景、无法产教融合,而且面向各行各业,基于学科体系的理论泛泛培养,缺乏对行业、对岗位的专业性。

而现代学徒制的市场营销专业将人才培养定位为连锁零售行业的"职业店长",定位非常清晰。这一人才培养定位非常有利于传统市场营销等专业的改革与发展,也体现了高职教育的"高等性",与中职毕业生做"店员"有效衔接。

2.4.5　初步确立了职业店长的类型与典型工作任务

经调研发现,行业企业对市场营销人员的要求是复合型技术技能型人才。比如定位为连锁零售领域的门店店长岗位,一个优秀的店长要集销售能力、管理能力、经营型能力于一身,才能完成相关的工作项目和工作任务,胜任岗位工作。表2-9所示是初步梳理出来的广州番禺职业技术学院现代学徒制市场营销专业人才培养定位——职业店长的类型与典型工作任务。

表2-9 职业店长的类型与典型工作任务

序号	店长类型	工作项目	工作任务
一	销售型店长	如何成为一名职业店长	1.1 掌握店长岗位说明书 1.2 掌握店长的薪酬体系与绩效考核 1.3 掌握店长是怎样炼成的
二		如何提升基本专业知识	2.1 掌握门店商品的专业知识
三		如何让顾客满意	3.1 掌握门店客户服务礼仪 3.2 快速提升收银效率 3.3 处理门店紧急事件及投诉 3.4 掌握商圈社群关系维系技巧 3.5 进行门店售后服务管理
四		门店如何实施营销策略	4.1 了解门店商圈 4.2 把握顾客需求 4.3 确定门店市场定位 4.4 掌握门店营销组合策略 4.5 掌握门店竞争策略
五	管理型店长	如何让门店运营顺畅	5.1 门店业务基础流程管理 5.2 门店人员日常管理 5.3 门店安全管理 5.4 掌握门店商品品类管理 5.5 科学的库存管理 5.6 门店财务管理
六		如何提升门店销售业绩	6.1 门店布局技巧 6.2 商品陈列技巧 6.3 面对面顾问式销售 6.4 掌握导购技巧 6.5 促销策划与实施 6.6 店面销售管理
七	经营型店长	如何提升管理效率	7.1 掌握高效沟通技巧 7.2 辅导与训练员工进行能力提升 7.3 具备高效执行力 7.4 提升团队凝聚力 7.5 进行目标绩效管理
八		如何提升店长职业进阶能力	8.1 商圈与选址分析 8.2 市场督导与管理 8.3 店面数据分析与诊断 8.4 职业店长自我管理 8.5 领导力提升

2.4.6 成功实施现代学徒制的关键在于"以企业为主导"

现代学徒制是"双主体"办学，但它是"以企业为主导"，而不是"以学校为主导"，具体体现在四个方面：一是需要企业积极主动地与学校合作实施现代学徒制；二是学生或学徒的培养主要在企业岗位上进行，而不是在学校进行；三是不是一味地将企业的老师引入学校而是让学校的老师随学生一起到企业去学习和指导；四是不能单纯将实训基地建在学校里，脱离企业和市场，而是直接将实训基地放在企业里让学生在岗学习。"双主体"办学在我国高职教育领域已有多年的发展历史，但它往往是"以学校为主导"，效果不甚理想。而广州番禺职业技术学院百果园学院现代学徒制模式是以企业为主导，决定这种模式成功与否的因素不仅在于企业的意愿与热情，更在于企业的规模与发展是否能够支撑现代学徒制的可持续发展，在于企业提供的学徒岗位是否具有真正的教育价值，在于探索出的路径、方法与成果是否可复制、示范和推广。

2.5 对策与建议

1. 要选择能够持续提供具有教育价值的学徒企业与岗位

校企开展现代学徒制人才培养工作，要求联合培养企业具备一定的规模，且能在一定程度上引领行业的发展，其岗位工作所应用的技术技能能代表该行业的发展趋势。而公司优秀的企业文化、完善的员工生涯规划与成才计划以及科学完备的培训体系则是学校选择其作为现代学徒制合作伙伴的最为关键的要素，因为这样的企业和学徒岗位具备很强的教育功能，而不像有些企业将学生作为廉价劳动力，培养的只是很容易被机器所取代的简单操作技能。学生在岗学习过程中，通过校企共同开发的培训与教育课程逐步实现培养目标，用2~3年的时间完成从一个储备店长（学徒）到职业店长的转变。

2. 学校要摒弃"等、靠、要"的思想，敢为人先做试点

目前现代学徒制的顶层设计、配套政策和措施都还远没有到位，不少高职院校的领导和老师认为，要试点也得等各项政策、制度明晰后再去试。作为广州番禺职业技术学院现代学徒制试点百果园学院的负责人，笔者的观点是很多改革需要自下而上，或者自上而下、自下而上双向进行。现代学徒制既然要试点，就是要上下齐动，边试边改，逐步推进，有了成果再由点到面推广。目前社会发展与企业转型升级都很快，职业教育发展必须跟上，如果"等、靠、要"就必然会落后。的确，现行条件下有很多事情做不成、不好做，但关键是我们能做成什么，有了一些做得成的事情，原来不能做的或许也就有了办法。

3. 加大宣传力度，赢得学生和家长的支持与认可

近年来，从中央指导精神到学校的实际运作，再到学界的理论研究、企业的主动参与，现代学徒制受到了广泛关注和重视。但是与此不相称的是，在社会上，不少家长和学生对于招生即招工、学生具有双重身份的现代学徒制教育模式缺乏正确的认识，甚至存在偏见。受传统教育模式观念的影响，学生和家长普遍认为，正规的学校教育就是在学校上课学习。所有的教育教学改革中，学生都是最主要的受众，一定要加大宣传力度，赢得学生和家长的理解与认可。

4. 根据实际稳步推进现代学徒制市场营销专业的人才培养工作

学校应结合自身专业特点，选择校企合作基础较好的专业作为试点，可涵盖学校示范性专业、重点专业、重点建设专业和相关专项资金扶持专业。另外，现代学徒制的人才培养模式不像以前传统的人才培养模式，只要学校单位努力就可以做好教学改革，而是牵涉企业、学校、政府三方，最关键的是要找到合适的合作企业才可以进行，才能确保现代学徒制在推行中没有大的问题，可以顺利可持续发展下去。

5. 科学系统设计现代学徒制实施方案

在学徒培养方案设计中，应注重学徒班的可持续发展。可借鉴英国学徒制框架中的知识要素和关键能力设计，增强学徒就业的灵活性和流动性，以满足学徒日后更换职业和继续发展的需要。同时，界定在通用工种岗位的培养方式有利于学生选择同行业的其他企业，还可考虑在专业工种岗位进行差异化培养，确保学生进入合作企业的比例提高，使该企业获得需要的人才。

6. 实行校企共同参与的"柔性化"教学管理模式

职业教育是"跨界"教育，学校应根据现代学徒制"双重身份，双主体培养，双元育人，双元管理"等特点，与企业共同制订适应校企在岗训教、学徒工学交替、岗位成才需求的刚柔相济的弹性教学管理制度。具体内容如下。

第一，加强现代学徒制日常运行管理制度建设，如校企定期例会制度、学徒上班考勤制度、学徒第三方评价考核办法、学徒实习召回制度等。

第二，校企合作双方要共同制订教学文件，它决定了现代学徒制的成效和水平。教学文件包括合作专业课程标准、教学计划、教学大纲、理论教学和实习教学实施安排、教师教学文件等，这些教学文件要符合学校和企业的实际。

第三，校企共同实施课程管理。目前高职考核制度、学生管理与考核办法、教学质量、评价办法、师傅标准、学徒标准等保证教学院校的专业课程体系与教学内容尚未完全摆脱传统学科体系的束缚，课程体系在一定程度上还无法适应现代学徒制实施的需要。现代学徒制课程体系应由校企双方、教师和师傅共同设计，实现课程模式的多样性。可借鉴英国现代学徒制的课程体系，整合关键技能课程、国家职业资格认证课程、技术证书课程三方面的课程。

第四，建立现代学徒制试点的绩效考核体系。学校应对试点专业实施过程中的考核项目进行细化，强化改革过程中的教学实施、教学管理、企业满意度、教师满意度、学生满意度等系数的评估和考核。

第3章 现代学徒制高职市场营销专业职业能力分析

3.1 职业能力分析的目的和意义

职业能力分析是构建职业教育专业标准、课程体系、课程标准的基础。本研究通过对与我们有深度合作的企业、国内开设市场营销专业的部分高职院校师生的调研，尤其是对我们目前正在开展现代学徒制联合人才培养的企业的调研、在岗培养的订单班和现代学徒制学生的跟踪调研分析，得到现代学徒制市场营销专业就业岗位分类和职业发展路径。

为进一步明确现代学徒制市场营销专业岗位的主要工作项目、每一工作项目所包含的工作任务以及相应的职业能力，探索现代学徒制市场营销专业职业能力的标准体系，以便为下一步课程体系的构建及核心课程的开发提供合理依据，在广东省教育研究院的指导下，本项目组通过广泛的调研、座谈、工作现场观察与访谈、工作体验、企业专家交流、职业能力分析会等多种途径，总结提炼出现代学徒制市场营销专业应具备的职业能力，形成了岗位职业能力分析表，进而形成现代学徒制市场营销专业职业岗位群及职业能力分布汇总表，明确了每一岗位所要完成的岗位任务和所要具备的职业能力。并以此为基础，确定相应职业岗位所需要的知识、能力和素养，为构建本专业课程体系提供依据，为科学编制广东省现代学徒制高职市场营销专业教学标准和课程标准奠定基础。

3.2 职业能力分析的组织与实施

3.2.1 职业能力分析的基本方法

1. 文献分析法

项目组在职业能力分析会召开之前通过查阅、分析500多篇论文、10多部著作，收集整理国内外相关专业和相关岗位的职业能力要求、相关岗位职业资格标准要求（如英国零售学徒职业资格标准、营销师国家职业资格等）等诸多资料，整理出市场营销专业职业能力的基本框架，后期在专家座谈交流、企业调研、问卷调查等环节的基础上，又进一步通过文献研究，丰富和完善了现代学徒制市场营销专业职业能力分析表。

2. 实地调研法

项目组先后通过企业调研、兄弟院校调研、学生实践岗位调研等环节进行实地调研，共调研企业 63 家、兄弟院校 20 多所，走访 50 多位正在企业岗位实践的学生。

项目组对深度合作的企业进行现场调研，并以与企业管理人员座谈的形式开展调研。调研的企业包括：百果园、名创优品、千千氏、沃尔玛山姆会员店、沃尔玛、麦德龙、百安居、大润发、华润万家、龙粤通信、骏和通信、百世家居、绿叶居、美心西饼等。调研的内容围绕市场营销专业学生就业岗位的工作任务、工作内容展开。调研的对象包括企业的运营部经理、人力资源部经理、门店店长、片区经理、运营督导等。调研的结果经过汇总梳理作为岗位职业能力的重要组成部分。

通过对国内兄弟院校的调研，项目组着重了解其深度校企合作形式、合作内容、人才培养定位、培养模式、现代学徒制具体实施措施、职业技能及其培养模式等方面，先后调研的兄弟院校有杭州职业技术学院、浙江商业职业技术学院、安徽财贸职业学院、安徽工商职业学院、九江职业技术学院、江西财经职业技术学院、深圳职业技术学院、深圳信息职业技术学院、东莞职业技术学院、顺德职业技术学院、广东农工商职业技术学院、中山职业技术学院、清远职业技术学院等 20 多所院校。

3. 问卷调查法

主要是针对历届毕业生、历届订单班学生、百果园公司部分校友店长、部分企业管理人员等设计不同类型的调查问卷展开调研，着重了解从事职业岗位工作所需具备的相应的专业技能和职业素养、职业发展通道等。调研所得内容经过整理，作为职业能力分析的基础资料。

4. 工作体验法

广州番禺职业技术学院市场营销专业每学期至少派出一名教师到百果园公司进行为期半年以上的专职企业实践，从 2015 年至今已有 5 名专任教师先后在企业实践。

专任教师在百果园公司的实践环节主要包括：两周的全职门店岗位工作、公司组织的各项培训（新员工培训、班长培训、副店长培训、后备店长培训、店长培训等）、公司人力资源部岗位工作以及参加公司月度绩效大会、片区经理运营督导会议等。通过对具体岗位工作的体验和实践，真实、具体地掌握职业岗位所需具备的各项能力要求，并且在岗位工作实践过程中通过观察不同岗位的工作人员是如何工作的，收集一线岗位工作内容、工作流程的信息。这些是职业能力分析最重要、最真实的信息来源。

5. 座谈法

1）专业指导委员会指导

广州番禺职业技术学院市场营销专业每年组织专业教学委员会的专家进行座谈，围绕就业岗位、岗位能力需求、人才培养等展开研讨，形成了本专业职业能力分析的重要材料。

2）订单班及现代学徒制学生座谈会

每学年组织一次企业订单班座谈会，每3个月举行一次现代学徒制市场营销专业学生座谈会，邀请校内指导老师、企业指导老师、企业人力资源部经理、运营部经理、门店店长、全体学生就订单班、学徒制运作情况、人才培养情况、岗位能力培养情况等展开研讨，这个活动为市场营销专业的职业能力分析积累了丰富的原始材料。

3）专业建设及人才培养研讨会

广州番禺职业技术学院市场营销专业每年在制订人才培养方案时，均会在专业调研的基础上，邀请企业专家、校内外专家就人才培养方案中所涉及的人才培养定位、就业岗位分析、岗位职业能力分析、课程体系、课程标准、人才培养实施等方面展开论证和研讨。

4）百果园职业教育联盟研讨会

2015年底，广州番禺职业技术学院与百果园公司发起倡议并联合境内外15家院校和行业协会，成立了百果园职业教育联盟，搭建了一个行校企协同育人的平台。联盟每年至少要召开两次会议，专门就职业店长的职业能力培养、校企合作等进行研讨，这些研讨的内容也为现代学徒制市场营销专业职业能力分析提供了大量基础资料。

6. 案例研究法

广州番禺职业技术学院市场营销专业与百果园公司等企业已开展多年的深度合作，有一大批优秀的毕业生在合作企业就业。通过对部分毕业生职业成长路径的研究，我们梳理出职业岗位应具备的职业能力和职业素养。

百果园公司要求到企业实践锻炼的市场营销专业专任教师至少跟踪研究5个优秀的店长、5个表现一般的店长、5个表现稍差的店长，通过了解其每个月的工作报告、职业发展情况以及公司与员工对其的评价，并对其进行个体访谈，了解职业店长的科学成长路径。截至目前已跟踪研究个案80多例。

7. 头脑风暴法

举行现代学徒制市场营销专业职业能力分析行业专家研讨会。通过头脑风暴法，行业专家对工作任务和职业能力畅所欲言，围绕现代学徒制市场营销专业主要业务岗位及职业发展路径自由发表个人见解，会后项目组工作人员进行汇总、梳理。

3.2.2 职业能力分析会的组织

1. 确定分析岗位

项目组在前期的调研、座谈、文献研究的基础上，分析市场营销专业高职毕业生的就业岗位、岗位能力要求、职业发展路径等，确立本专业学生主要就业岗位是市场调研、产品销售、客户服务、营销策划四大类别，且主要集中在产品销售岗位；每一类别的岗位根据其工作内容及工作复杂程度可分为4~5个层级，根据行业企业对岗位工作内容及工作人员能力的要求得出如表3-1所示的市场营销专业职业发展路径表。

表3-1 市场营销专业职业发展路径表

发展阶段	就业岗位				学历层次	一般发展年限	
	市场调研	产品销售	客户服务	营销策划		中职	高职
Ⅴ	行业专家、企业高管				—	—	—
Ⅳ	市场总监	营销总监	客服总监	策划经理	高职	8~12年	6~10年
Ⅲ	项目经理	销售经理	客服经理	策划主管	高职	4~8年	2~6年
Ⅱ	调研主管	销售主管	客服主管	策划员	高职	2~4年	1~2年
Ⅰ	调研员	销售员	客服员	策划助理	高职/中职	0~2年	0~1年

表3-1是高职市场营销专业毕业生的职业发展路径，但是如果实施现代学徒制人才培养模式的话，会出现两种情形：一是由于与特定的行业或企业开展合作，在进行联合培养之前已定向了学生的学徒岗位、培养目标等，所以现代学徒制市场营销专业的岗位类别会比较具体，而不会呈现如表3-1中所列举的那么发散；二是由于现代学徒制对学生实施的是在岗培养、在岗学习，学生边学边做，工作即学习，学习的内容非常具有指向性，所以其职业发展年限就大大地缩减和提前。

在前期针对国内20多所兄弟院校市场营销专业毕业生的调研中，我们得出，本专业毕业生就业的岗位主要集中在销售类。为此，项目组针对现代学徒制人才培养模式的特点，结合表3-1中市场营销专业职业发展路径，初步制订出现代学徒制市场营销专业职业发展路径，如表3-2所示。

表3-2 现代学徒制高职院校市场营销专业职业发展路径表

发展阶段	学徒岗位	就业岗位				学历层次	发展年限
		市场调研	产品销售	客户服务	营销策划		
Ⅶ		行业专家、企业高管				高职	毕业8年以上
Ⅵ		市场总监	客服总监	销售总监	策划经理	高职	毕业3~8年
Ⅴ		项目经理	客服经理	销售经理	策划主管	高职	毕业1~3年
Ⅳ		调研主管	客服主管	销售主管	策划专员	高职	学徒期18~24个月
Ⅲ	销售、调研、客服部副主管/策划专员	—	—	—	—	高职	学徒期12~18个月
Ⅱ	销售、调研、客服部组长/策划助理	—	—	—	—	高职	学徒期6~12个月
Ⅰ	销售员/调研员/客服员/策划助理	—	—	—	—	高职	学徒期1~6个月

2. 邀请行业专家

根据分析的岗位，按照以下标准来选择职业能力分析会的行业专家。

(1) 有一线营销工作经历，目前从事营销管理、人力资源管理、企业管理与培训等岗位工作。

(2) 熟悉和了解营销岗位的工作内容、工作流程及职业发展路径。

(3) 具有营销、管理职业素养，工作严谨。

(4) 能用语言精练地表述营销岗位的任务需求或所需具备技能。

(5) 能很好地与人协作。

(6) 工作期间能全身心投入。

根据现代学徒制市场营销专业的就业岗位特点，项目组筛选出 18 位有代表性的企业专家，并发出邀请，提前告知职业能力分析会的目的、内容和要求等，并将相关资料如职业能力分析表格、行业专家职责、工作流程、职业能力分析表述用语等，提前发给行业专家，以做好充分的准备。

3. 召开职业能力分析会

项目组分别于 2016 年 3 月在广州市从化区、2016 年 4 月在广州市南沙区举行了两场市场营销专业校企合作与岗位职业能力分析研讨会。

第一场职业能力分析会着重分析市场营销专业就业岗位类别及不同学历层次职业发展路径，以及在不同发展阶段的具体工作内容及岗位技能要求。

第二场职业能力分析会着重分析现代学徒制市场营销专业就业岗位、任职资格要求、岗位工作内容及工作流程、职业发展路径等内容，形成了职业能力分析表。

4. 整理职业能力分析表

受邀的 6 家企业中，百果园公司已是现代学徒制市场营销专业联合培养单位，另外 5 家企业将是市场营销专业下一步开展职业店长现代学徒制人才培养的潜在合作对象。

项目组通过分析，把市场营销专业与指向性非常强的现代学徒制模式下市场营销专业学生应具备的知识、技能、素养进行了整合，如表 3－3 所示。

表 3－3　经整合的现代学徒制市场营销专业职业技能

序号	项　目	整合后的职业技能
1	营销认知能力	具体行业企业认知
2	岗位认知能力	具体行业企业岗位认知，熟悉工作环境
3	营销礼仪	塑造职业形象
4	营销调研能力	商圈调研与分析
5	产品销售能力	面对面顾问式销售、现场服务
6	客户服务能力	商圈社群关系维护、门店服务管理、客源管理

续上表

序号	项 目	整合后的职业技能
7	营销策划能力	紧密结合企业实际业务情况，制订营销规划、产品策划、市场推广策划、网络营销策划并实施
8	营销管理能力	商品管理、销售管理、价格管理、团队管理、服务管理、客源管理、营销管理
9	经营能力	商业模式分析与选择、经营数据分析与诊断、市场运营与督导、投资可行性分析、团队建设、文化塑造、开展有效竞争

3.2.3 职业能力分析表的制订

项目组充分借鉴了德国的 BAG 职业能力分析法和北美的 DACUM 职业能力分析法，选用杜怡萍教授提出的"二维四步五解"职业能力分析法，将广东省教育研究院统一制订的职业能力分析表作为模板，根据现代学徒制市场营销专业所面向的培养层次，适当调整了"学习水平"栏目，制订了现代学徒制市场营销专业职业能力分析表。该表由工作项目、工作任务、职业能力（包括知识、技能、态度、方法、工具等）三大部分构成；职业能力除了专业能力外，还包括了职业素养，并对每一职业能力进行了程度区分。

现代学徒制市场营销专业职业能力分析表制订的过程如下。

第一，整理职业能力专家在两场职业能力分析会上的意见，并使用规范的职业能力术语和表述进行修正，形成初步的"现代学徒制市场营销专业职业能力分析表"。

第二，结合本专业积累的已有相关基础资料，通过进一步梳理，结合营销师国家职业资格标准、英国零售业学徒标准，百果园等公司门店岗位说明书及工作内容、工作流程等，进一步完善职业能力分析表。

第三，将整理出的职业能力分析表发给相关企业专家，再次征询意见，对相应任务和能力点进行再次确认，形成最终的职业能力分析表。

第四，为了使制作出来的职业能力分析表更加符合行业企业的现实情况，项目组在2016 年 4—6 月选择了商贸流通行业具有代表性的企业如百果园、名创优品、华润万家、千千氏、骏和通信、大润发、麦德龙、百安居等公司开展进一步的调研，并咨询了中国连锁经营协会、广东省连锁经营协会、深圳市连锁经营协会的相关人员，根据行业企业反馈的意见对职业能力分析表进一步修改和完善，在此基础上完成了职业能力分析报告。

第五，根据联合培养企业学徒岗位职业发展路径，结合众多行业企业专家的意见，把现代学徒制市场营销专业岗位群归纳为两大类：销售岗位和管理岗位。

第六，根据项目中期检查时专家提供的建议和意见进一步修改完善，最终形成了完整的现代学徒制市场营销专业职业能力分析报告，其中岗位群及职业能力分布汇总表如表3-4 所示。

表3-4　高职现代学徒制市场营销专业岗位群及职业能力分布汇总表

发展阶段	销售岗位 名称	项目数, 任务数	管理岗位 名称	项目数, 任务数	学历层次	一般发展年限
Ⅶ	—	—	行业专家、高管	—	高职	毕业8年以上
Ⅵ	—	—	区域经理/运营经理	—	高职	毕业3～8年
Ⅴ	—	—	销售经理/片区经理	24, 110	高职	毕业1～3年
Ⅳ	—	—	销售主管/店长	45, 190	高职	学徒期18～24个月
Ⅲ	销售副主管/副店长	23, 107	—	—	高职	学徒期12～18个月
Ⅱ	销售组长/班长	12, 64	—	—	高职	学徒期6～12个月
Ⅰ	销售员/营业员	14, 48	—	—	高职	学徒期1～6个月

注：①本表的划分与职业发展路径表的"发展阶段""就业岗位""学历层次"对应；岗位的分类仅供参考，各专业可以自行分类；"学历层次"至少要明确中职、高职、本科对应的层次。
②每一类岗位"项目数, 任务数"是指每一类岗位对应"职业能力分析表"中的工作项目和工作任务的数量。

3.3　职业能力分析的结论与成效

3.3.1　现代学徒制市场营销专业职业能力分析表基本内容

通过制订职业能力分析表，项目组得到了现代学徒制市场营销专业的职业发展路径，并确定了在学徒培养期间4个职业岗位及毕业初始岗位共31个工作项目（除"职业素养"外）、118项工作任务的共计519条职业能力。另外，通过分析还确定了各岗位所共同需要的13项60条关键能力（职业通用能力），包括职业规划、沟通交流、数字应用、革新创新、自主学习、团队合作、解决问题、信息处理、责任（安全）意识、组织能力等。职业能力共分为5个级别，具体见表3-5。

1. 职业能力分析的效果

1）提升了专任教师对行业企业的认知和了解

通过职业能力分析，大大提升了专任教师的行业企业一线工作实践经验，通过与企业各级管理人员的交流、沟通，进一步了解目前商贸企业对于市场营销专业人才能力的各项需求。

2）明确了现代学徒制市场营销专业学徒期及期满后的职业发展路径

在前期的调研中，通过对市场营销专业毕业生的跟踪调研和企业的反馈，项目组得知营销专业毕业生的就业岗位群为产品销售类、营销策划类、客户服务类、市场调研类岗位群，并找出了各类别岗位群的职业发展路径。而基于校企深度合作联合培养的现代学徒制模式下的市场营销专业的职业发展路径则稍有不同，主要原因是学徒是通过在岗培养的，所以针对其面向的商贸流通行业企业，其职业发展路径相较于非现代学徒制模式培养下的学生，差异主要体现在两个方面：一是联合培养企业会专门针对学徒设计一个岗位（比如储备干部）；二是其晋升速度会较快，80%的学生在学徒期满后就可以走上营销管理的工作岗位。这就决定了其整个职业发展的路径是不同的，因此，需要在培养期间根据岗位工作的需求，有针对性地进行能力训练和培养。

3）确定了现代学徒制校企联合培养的人才目标和定位

如前所述，传统的市场营销专业培养出来的学生难以适应企业激烈竞争的市场需要，也无法满足学生的学习要求，学生在市场干一个月要比在学校学一年收获更大。本项目基于现代学徒制人才培养模式，与具体的行业企业通过深度校企合作开展人才培养。人才培养的岗位定位、岗位所需能力非常明确。学生即使将来离开学徒期间所在的这家企业，也完全可以把能力迁移到新的工作领域。

4）为构建课程体系和编写课程标准提供了重要依据

通过职业能力分析环节的各项工作，项目组积累了大量职业能力分析的原始资料，并通过最终确定的符合商贸企业实际用人需求和职业岗位发展通道的各岗位工作项目、工作任务、对所需具备职业能力的需求，为接下来项目组构建适应现代学徒制市场营销专业的职业能力培养课程体系及对应的课程标准奠定了良好的基础。

3.4 职业能力分析表

现代学徒制市场营销专业职业能力分析表详见表3-5。

表3-5 现代学徒制市场营销专业职业能力分析表

工作项目		工作任务		职业能力		学习水平
项目编号	职业素养	任务编号	职业素养	能力编号	能力(知识、技能、方法、工具、要求)	(高职，L_j)
01	行业企业认知	01-01	了解零售业	01-01-01	了解行业现状及发展趋势	L1
				01-01-02	识别零售业态的特征	L1
				01-01-03	了解零售行业工作特点	L1
				01-01-04	清楚零售业职业发展路径	L1
		01-02	了解企业	01-02-01	了解企业发展概况	L1
				01-02-02	了解企业战略规划	L1
				01-02-03	明确企业核心竞争力	L1
				01-02-04	领会企业文化	L1
				01-02-05	熟知企业服务理念	L1

续上表

工作项目		工作任务		职业能力		学习水平
项目编号	职业素养	任务编号	职业素养	能力编号	能力（知识、技能、方法、工具、要求）	（高职，L_j）
02	岗位角色认知	02-01	营业员角色定位	02-01-01	把握以顾客为中心的导向	L1
				02-01-02	明确以销售为核心的宗旨	L1
				02-01-03	做好销售全过程服务	L1
				02-01-04	服从公司及门店工作安排	L1
		02-02	班长角色定位	02-02-01	代表店长管理门店	L2
				02-02-02	安排人员分工	L2
				02-02-03	执行门店日常运营方案	L2
				02-02-04	指导班组人员工作	L2
				02-02-05	完成既定目标	L2
				02-02-06	完成交接班	L2
		02-03	副店长角色定位	02-03-01	协助店长完成门店运营管理	L3
				02-03-02	完成店长交代的日常工作	L3
				02-03-03	代表店长行使门店管理	L3
				02-03-04	完成既定目标	L3
		02-04	店长角色定位	02-04-01	代表门店行使职权	L4
				02-04-02	执行公司政策	L4
				02-04-03	指挥门店经营	L4
				02-04-04	协调日常运营出现的问题	L4
				02-04-05	教导员工	L4
				02-04-06	帮助员工做好职业规划	L4
		02-05	明确店长岗位职责	02-05-01	负责门店运营	L4
				02-05-02	管理门店商品	L4
				02-05-03	管理门店员工	L4
				02-05-04	维护顾客关系	L4
				02-05-05	分析门店信息	L4
				02-05-06	门店安全管理与控制防损	L4
03	熟悉工作环境	03-01	熟悉门店	03-01-01	熟悉门店布局	L1
				03-01-02	清楚门店岗位要求	L1
				03-01-03	了解门店日常基本运营流程	L1
				03-01-04	熟悉门店前台、后台功能	L1
		03-02	在师傅指导下工作	03-02-01	明确工作内容	L1
				03-02-02	熟知工作规范	L1
				03-02-03	明确突发事件处理流程	L1
				03-02-04	观察同事工作	L1
				03-02-05	准备岗位工作	L1
				03-02-06	总结、改进工作	L1

续上表

工作项目		工作任务		职业能力		学习水平
项目编号	职业素养	任务编号	职业素养	能力编号	能力(知识、技能、方法、工具、要求)	(高职,L_j)
04	塑造职业形象	04-01	规范职业形象	04-01-01	正确穿戴工装、工帽等	L1
				04-01-02	整理仪容仪表	L1
				04-01-03	提升主动服务意识	L1
		04-02	运用服务礼仪	04-02-01	规范并使用欢迎语、导购语、欢送语等	L1
				04-02-02	熟知并运用符合规范的身体语言	L1
				04-02-03	树立顾客是上帝的服务理念	L1
				04-02-04	以顾客的需求为中心	L1
				04-02-05	践行服务承诺	L1
05	营业前准备	05-01	召开晨会	05-01-01	传达公司政策、发放学习资料	L2
				05-01-02	通报前一营业日相关事项	L2
				05-01-03	制订当日营业目标	L2
				05-01-04	公布当天营业活动的内容	L2
				05-01-05	人员分工及安排	L2
				05-01-06	商品变价价签发到相关人员	L2
				05-01-07	激发工作热情、鼓舞员工士气	L2
		05-02	整理营业环境	05-02-01	清扫营业环境(店内、外)	L1
				05-02-02	整理货架、做好陈列	L1
				05-02-03	整理标价签	L1
				05-02-04	调整员工职业面貌及精神状态	L1
		05-03	调试营业设备	05-03-01	调试空调、照明、音响、收银机等营业设备	L1
				05-03-02	保障卖场安全	L1
		05-04	准备其他事项	05-04-01	新员工基础培训	L2
				05-04-02	讲解新产品	L2
				05-04-03	销售知识准备	L2
				05-04-04	模拟销售演练(3人组合)	L2
				05-04-05	准备销售工具	L1
				05-04-06	准备收银零钱	L1
				05-04-07	准备购物袋	L1
				05-04-08	营业人员到位	L1
				05-04-09	准备其他营业事项	L1
06	营业中管理	06-01	日常运营管理	06-01-01	检查营业员仪容仪表及工作状态	L2
				06-01-02	督促收银作业,随时掌握销售情况	L2
				06-01-03	控制卖场的电器及音响设备	L2
				06-01-04	维护卖场前台、后台环境与秩序	L2
				06-01-05	检查商品陈列,及时更新	L2
				06-01-06	防范损耗及安全事故发生	L2

续上表

工作项目		工作任务		职业能力		学习水平 (高职，L_j)
项目编号	职业素养	任务编号	职业素养	能力编号	能力(知识、技能、方法、工具、要求)	
06	营业中管理	06-01	日常运营管理	06-01-07	协助顾客解决消费过程中的问题	L2
				06-01-08	处理顾客投诉	L2
				06-01-09	收集市场信息，做好销售分析	L2
				06-01-10	整理公司公文及通知，做好营业活动的开业前准备和结束后的收尾工作	L2
				06-01-11	纠正营业人员不规范、不正确行为，确保营业流程和工作流程的规范化	L2
				06-01-12	审核单据，签名	L2
				06-01-13	营业人员的交接班	L2
		06-02	处理突发事件	06-02-01	调货(店与店之间)	L2
				06-02-02	调节顾客之间、顾客与工作人员之间纠纷	L2
				06-02-03	维持卖场秩序，避免碰撞、拥挤	L2
				06-02-04	处理火灾等突发事件	L2
				06-02-05	处理人身意外事故	L2
				06-02-06	处理其他突发事件(如停电、停水、电梯故障、抢劫、示威、暴力事件等)	L2
07	营业后工作	07-01	召开总结会	07-01-01	通报当日卖场情况	L2
				07-01-02	解决当日问题	L2
				07-01-03	员工总结与分享	L2
		07-02	核对账务	07-02-01	检查当日销售报表	L2
				07-02-02	核对库存	L2
				07-02-03	核对营业款	L2
				07-02-04	核对备用金并留存	L2
		07-03	填写工作日志	07-03-01	记录人员变化、训练、顾客意见等	L2
				07-03-02	分析当日销售情况	L2
				07-03-03	分析目标完成情况	L2
				07-03-04	准备好次日工作一切事务	L2
		07-04	其他事项	07-04-01	检查电器设备、门窗，杜绝安全隐患	L2
				07-04-02	妥善处理顾客投诉	L2

续上表

工作项目		工作任务		职业能力		学习水平
项目编号	职业素养	任务编号	职业素养	能力编号	能力(知识、技能、方法、工具、要求)	(高职,L_j)
08	做好导购准备	08-01	了解商品	08-01-01	了解商品的特性、卖点	L3
				08-01-02	了解商品的库存状态	L3
				08-01-03	了解商品的消费对象	L3
				08-01-04	了解商品能给顾客带来的利益	L3
		08-02	了解营销重点	08-02-01	了解公司当期营销重点	L3
				08-02-02	了解门店当期营销重点	L3
				08-02-03	了解当季营销重点	L3
				08-02-04	熟知门店营销策略和手段	L3
		08-03	了解消费群特征	08-03-01	了解商圈消费群结构	L3
				08-03-02	了解消费群消费习惯	L3
				08-03-03	了解消费群消费心理	L3
				08-03-04	了解消费群购买力	L3
		08-04	熟悉竞争环境	08-04-01	了解商圈竞争者	L3
				08-04-02	熟悉竞争品	L3
				08-04-03	了解竞争者及竞争品价格	L3
				08-04-04	了解竞争者的服务策略	L3
09	接触顾客	09-01	发现顾客	09-01-01	了解潜在顾客特征	L3
				09-01-02	了解发现顾客的渠道	L3
				09-01-03	在最短的时间内观察、判断顾客类型	L3
		09-02	做好开场白	09-02-01	营造良好的第一印象	L3
				09-02-02	正确运用顾客接待的礼仪	L3
				09-02-03	提供吸引顾客的内容和形式	L3
				09-02-04	运用接近顾客的方法(服务接近法、个人接近顾客法、赞美接近法、利益接近法、馈赠接近法等)	L3
		09-03	评估顾客	09-03-01	判断顾客的购买力	L3
				09-03-02	有效识别客户需求	L3
				09-03-03	识别顾客的购买决策权	L3
				09-03-04	建立顾客档案	L3
		09-04	说服顾客成交	09-04-01	针对不同客户类型的要求进行有针对性的推销	L3
				09-04-02	给顾客留有选择空间和自由	L3
				09-04-03	实施"临门一脚"成交法	L3

续上表

工作项目		工作任务		职业能力		学习水平
项目编号	职业素养	任务编号	职业素养	能力编号	能力(知识、技能、方法、工具、要求)	(高职,L_j)
10	推介商品	10-01	学会倾听	10-01-01	了解顾客类型	L3
				10-01-02	了解顾客真实和潜在需求	L3
				10-01-03	针对性推介	L3
				10-01-04	解答顾客的疑虑	L3
				10-01-05	打消顾客疑虑	L3
		10-02	推介商品	10-02-01	按照商品推介的流程介绍商品	L3
				10-02-02	使用商品推介原则	L3
				10-02-03	使用商品推介技巧	L3
				10-02-04	使用语言技巧	L3
				10-02-05	识别影响顾客购买的影响因素	L3
11	处理顾客异议	11-01	判断顾客异议的原因	11-01-01	辨别是否为顾客本身的原因(购买力、购买习惯、购买决策权、对商品不了解、对企业或品牌有成见等)	L3
				11-01-02	明确是否为销售人员的原因(自身形象、不恰当描述、使用过多专业术语、不了解顾客真实需求等)	L3
				11-01-03	辨别是否为商品的原因(质量、价格、品牌、包装、销售服务等)	L3
				11-01-04	明确是否为服务环节的原因	L3
				11-01-05	辨别是否为企业的原因	L3
		11-02	熟知顾客异议的处理方法	11-02-01	把握顾客异议处理的原则(积极面对异议;对于异议,处理第一,机会第二;防患于未然)	L3
				11-02-02	运用异议处理方法(转折处理法、转化处理法、以优补劣法、委婉处理法、合并意见法、反驳法、冷处理法、强调利益法、比较优势法、价格对比法、价格分解法、反问法等)	L3
				11-02-03	做好事前准备	L3
				11-02-04	选择适当时机	L3
				11-02-05	避免与顾客争辩	L3
				11-02-06	给顾客留"面子"	L3
				11-02-07	积极回应顾客	L3
		11-03	熟悉顾客异议的处理步骤	11-03-01	确定顾客异议的重点	L3
				11-03-02	选择合适的处理方式	L3
				11-03-03	表示同感或称赞	L3
				11-03-04	处理好细节	L3
				11-03-05	回到销售环节	L3
				11-03-06	反馈确认无异议后继续进行销售	L3

续上表

工作项目		工作任务		职业能力		学习水平
项目编号	职业素养	任务编号	职业素养	能力编号	能力(知识、技能、方法、工具、要求)	(高职，L_j)
12	达成交易	12-01	识别成交信号	12-01-01	识别顾客表情成交信号	L3
				12-01-02	识别顾客语言成交信号	L3
				12-01-03	识别顾客行为成交信号	L3
		12-02	抓住成交机会	12-02-01	学会识别成交机会，反复尝试成交	L3
				12-02-02	征询顾客意见	L3
				12-02-03	从较小的问题着手	L3
				12-02-04	给顾客直接意见	L3
				12-02-05	替顾客做决定	L3
				12-02-06	运用沉默给顾客制造购买的心理压力	L3
				12-02-07	给顾客制造一种机不可失的紧迫感	L3
		12-03	运用成交方法	12-03-01	运用请求成交法	L3
				12-03-02	运用假定成交法	L3
				12-03-03	运用选择成交法	L3
				12-03-04	运用次要问题成交法	L3
				12-03-05	运用优惠成交法	L3
				12-03-06	运用保证成交法	L3
				12-03-07	运用从众成交法	L3
				12-03-08	运用机会成交法	L3
				12-03-09	运用异议成交法	L3
				12-03-10	运用先使用后付款的成交法	L3
13	安排付款	13-01	使用收银设备	13-01-01	使用收银设备，快速结账	L1
		13-02	熟记商品条码	13-02-01	了解商品条码的编码规律	L1
				13-02-02	记住商品条码	L1
		13-03	熟悉门店促销活动	13-03-01	熟悉门店当期各种促销活动	L1
				13-03-02	了解促销商品、促销组合的结算方式	L1
		13-04	选择付款方式并结算	13-04-01	收付现金(鉴别伪币、正确找零)	L1
				13-04-02	熟知借记卡、信用卡、储值卡、微信、支付宝等支付方式的相关设备使用、流程等	L1
				13-04-03	熟知合作商户联合促销活动等	L1
				13-04-04	熟知发票、收据的填写方法	L1
14	结束送客	14-01	欢送礼仪	14-01-01	告知顾客售后服务保障，让顾客安心消费	L3
				14-01-02	伺机要求顾客转介绍和重复购买	L3
				14-01-03	正确使用欢送礼仪	L3

续上表

工作项目		工作任务		职业能力		学习水平 (高职，Lj)
项目编号	职业素养	任务编号	职业素养	能力编号	能力（知识、技能、方法、工具、要求）	
15	商品陈列与维护	15-01	利用陈列提升门店销售业绩	15-01-01	科学陈列商品吸引顾客眼球（陈列原则）	L3
				15-01-02	改变商品陈列激发顾客欲望（陈列方式）	L3
				15-01-03	巧用陈列技巧刺激顾客购买（黄金陈列、关联陈列、多点陈列、搭配陈列）	L3
		15-02	商品陈列的维护	15-02-01	控制排面量	L2
				15-02-02	合理使用陈列道具	L2
				15-02-03	预防和应对缺货	L2
				15-02-04	适应销售时段	L2
				15-02-05	配合应用POP	L2
16	制订与实施促销计划	16-01	做好促销前准备	16-01-01	做好前期市场调研	L3
				16-01-02	制订促销方案	L3
				16-01-03	进行促销培训	L3
				16-01-04	制作POP	L3
				16-01-05	备好促销资源	L3
		16-02	做好促销中的管控	16-02-01	进行促销宣传	L3
				16-02-02	把控好现场促销过程	L3
				16-02-03	激励与管理现场员工	L3
				16-02-04	适时调整现场活动	L3
		16-03	做好促销后的总结	16-03-01	分析促销目标达成情况	L3
				16-03-02	总结促销中的亮点与不足	L3
				16-03-03	表彰先进，树立标兵	L3
17	转变角色	17-01	管理型店长做什么	17-01-01	领会从销售到管理角色转变的工作重点	L4
				17-01-02	熟知管理的对象与工作内容	L4
		17-02	树立店长威信	17-02-01	提升管理能力和水平，做到专业	L4
				17-02-02	严格要求自己，以身作则	L4
				17-02-03	讲信用，说到做到	L4
				17-02-04	公私分明，一视同仁	L4
				17-02-05	坚强、乐观	L4
				17-02-06	敢于在员工面前承认错误，承担责任	L4
		17-03	提升店长目标管理能力	17-03-01	处理信息与综合分析	L4
				17-03-02	设置目标	L4
				17-03-03	进行客观的自我评价	L4
				17-03-04	制订计划与分解计划	L4

续上表

工作项目		工作任务		职业能力		学习水平
项目编号	职业素养	任务编号	职业素养	能力编号	能力(知识、技能、方法、工具、要求)	(高职,L_j)
17	转变角色	17-03	提升店长目标管理能力	17-03-05	跟踪落实	L4
				17-03-06	检查总结	L4
				17-03-07	解决冲突	L4
		17-04	提升店长自我管理能力	17-04-01	进行自我认知与评估	L4
				17-04-02	进行自我完善	L4
				17-04-03	养成良好的习惯	L4
				17-04-04	形成自主学习、主动成长的行为模式	L4
				17-04-05	进行有效的时间管理	L4
				17-04-06	妥善调节压力	L4
18	门店布局与规划	18-01	门店布局	18-01-01	选择门店布局方式	L4
				18-01-02	根据门店位置的优劣布局	L4
				18-01-03	根据商品性质进行布局	L4
				18-01-04	根据磁石点理论布局	L4
				18-01-05	根据顾客的购买顺序与购买频率布局	L4
				18-01-06	根据顾客的其他心理因素调整(价格防备心理、隐私心理、避免购物干扰的心理等)	L4
		18-02	门店布局调整优化	18-02-01	调整门店布局的依据	L4
				18-02-02	调整门店布局的好处	L4
				18-02-03	分析门店布局管理效率	L4
		18-03	实现门店布局诱导	18-03-01	把握布局磁石点原则	L4
				18-03-02	合理设计和利用磁石点	L4
				18-03-03	把握客动线设计的原则	L4
				18-03-04	设计客动线	L4
19	门店商品管理	19-01	确定门店商品组织结构	19-01-01	理解商品品类相关概念	L4
				19-01-02	设计商品结构的宽度和深度	L4
				19-01-03	设计商品结构层级	L4
				19-01-04	辨别影响品类定义的因素(零售商定位、消费者需求、购买者购买决策树、品类发展趋势、零售商管理要求等)	L4
				19-01-05	清楚商品组织结构表的操作步骤(业态定位、目标顾客及其需求、供应商、竞争情况等)	L4
				19-01-06	选择适合门店的商品组织结构	L4

续上表

工作项目		工作任务		职业能力		学习水平
项目编号	职业素养	任务编号	职业素养	能力编号	能力（知识、技能、方法、工具、要求）	（高职，L_j）
19	门店商品管理	19-02	商品组合单品配置	19-02-01	确定小分类单品数量（业态定位、门店面积、品类角色、竞争对手等）	L4
				19-02-02	定位商品结构的价格带	L4
				19-02-03	定位商品结构的包装规格	L4
				19-02-04	确定商品结构的品牌组合	L4
		19-03	评估商品品类	19-03-01	评估品类发展趋势（增长潜力、消费趋势、购买行为等）	L4
				19-03-02	评估零售商销售表现	L4
				19-03-03	评估市场/竞争对手表现	L4
				19-03-04	评估供应商	L4
				19-03-05	按操作步骤开展品类评估（数据准备、数据分析、得出结论）	L4
		19-04	优化商品组合	19-04-01	淘汰相应商品	L4
				19-04-02	引进新品	L4
		19-05	商品价格管理	19-05-01	选择商品价格策略	L4
				19-05-02	选择商品定价方法（商品生命周期定价法、心理定价法、商品组合定价法等）	L4
				19-05-03	识别影响商品定价的因素	L4
				19-05-04	优化商品价格	L4
				19-05-05	调整促销商品价格	L4
		19-06	商品促销管理	19-06-01	清楚促销目的	L4
				19-06-02	选择商品促销方式	L4
				19-06-03	规划促销活动	L4
				19-06-04	选择促销商品	L4
				19-06-05	制订促销方案	L4
				19-06-06	促销活动执行与效果回顾	L4
		19-07	商品订货管理	19-07-01	清楚门店订货流程	L4
				19-07-02	制订订货计划	L4
				19-07-03	确定最佳订货量	L4
				19-07-04	确定成本目标	L4
				19-07-05	解决订货不当导致的问题	L4
		19-08	商品验收管理	19-08-01	遵守门店商品验收制度	L2
				19-08-02	执行门店商品验收流程	L2
				19-08-03	验收入库	L2
				19-08-04	填写相关报表	L2
				19-08-05	处理异常情况	L2

续上表

工作项目		工作任务		职业能力		学习水平
项目编号	职业素养	任务编号	职业素养	能力编号	能力(知识、技能、方法、工具、要求)	(高职,L_j)
19	门店商品管理	19-09	商品库存管理	19-09-01	遵守门店商品库存管理制度	L2
				19-09-02	执行门店商品库存管理流程	L2
				19-09-03	填写商品库存明细表	L2
				19-09-04	根据库存情况及时制订门店商品补货计划表	L2
				19-09-05	填写相应报表(入库表、出库表等)	L2
		19-10	商品安全与防损	19-10-01	保障卖场商品安全	L3
				19-10-02	分析门店商品损耗原因	L3
				19-10-03	把握商品损耗尺度	L3
				19-10-04	制订防损控制的措施	L3
				19-10-05	执行报损处理流程	L3
				19-10-06	实施盘点制度	L3
				19-10-07	填写相关报表	L3
20	门店销售管理	20-01	执行总部下达的销售计划	20-01-01	正确理解公司发展战略与销售目标	L4
				20-01-02	分解销售目标与任务	L4
				20-01-03	制订与实施门店销售计划	L4
				20-01-04	指导员工制订个人销售计划	L4
				20-01-05	策划组织实施相应的营销活动	L4
		20-02	执行总部下达的促销计划和促销活动	20-02-01	制订门店的具体实施方案	L4
				20-02-02	促销活动的组织与分工	L4
				20-02-03	促销活动的具体实施	L4
		20-03	掌握门店的销售动态	20-03-01	根据销售情况调整营销策略	L4
				20-03-02	向总部建议新商品的引进和滞销品的淘汰	L4
				20-03-03	实施动态销管策略	L4
				20-03-04	调整卖场布局和商品陈列	L4
				20-03-05	制订并实施有针对性的门店促销活动	L4
		20-04	拓展销售途径	20-04-01	拓展团队业务	L4
				20-04-02	开发大客户业务	L4
				20-04-03	借助信息技术开辟新销售渠道	L4
		20-05	提升销售毛利	20-05-01	通过门店商品组合提升毛利	L4
				20-05-02	通过有效的商品陈列提升毛利	L4
				20-05-03	通过积极的销售习惯提升毛利	L4

续上表

工作项目		工作任务		职业能力		学习水平 (高职，Lj)
项目编号	职业素养	任务编号	职业素养	能力编号	能力(知识、技能、方法、工具、要求)	
20	门店销售管理	20-06	提升销售额	20-06-01	增加来客数	L4
				20-06-02	增加老顾客重复购买	L4
				20-06-03	提升客单价	L4
		20-07	营造门店销售氛围	20-07-01	恰当摆放店内促销广告	L4
				20-07-02	有效选择符合销售主体的音乐	L4
				20-07-03	有效控制门店热度	L4
				20-07-04	有效调节销售人员的工作状态	L4
21	门店人员管理	21-01	做好员工日常管理	21-01-01	考勤	L4
				21-01-02	仪容、仪表、服务规范执行	L4
				21-01-03	培训教育	L4
				21-01-04	人事考核、提升、降级、调动	L4
				21-01-05	监督、指导员工的业务操作	L4
		21-02	招聘	21-02-01	根据总部战略规划及门店具体情况，制订招聘计划	L4
				21-02-02	开展招聘活动、录用新员工	L4
				21-02-03	总部根据门店需求派出新员工	L4
		21-03	分工	21-03-01	部门、人员合理分工	L4
				21-03-02	部门、人员相互协同	L4
		21-04	培训	21-04-01	制订培训计划	L4
				21-04-02	开展各种形式和内容的培训(岗位培训、产品培训、销售技巧培训、管理能力培训等)	L4
		21-05	考核	21-05-01	结合总部人员考核要求，根据门店实际情况制订考核制度，设定考核内容和方式	L4
				21-05-02	绩效考核、评估和激励	L4
				21-05-03	考核结果分析	L4
22	门店社群关系管理	22-01	融入社群	22-01-01	向社区顾客做好门店的自我宣传	L4
				22-01-02	妥善处理顾客投诉和服务工作中所发生的各种矛盾	L4
				22-01-03	做好与门店周围社区的各项协调工作	L4
				22-01-04	参加所在社区的各项公益活动(与社区的部门、单位、学校、团体保持经常性的交流和和睦的关系)	L4
				22-01-05	挖掘、利用社区资源	L4
		22-02	扩大影响力	22-02-01	赞助社区公益项目	L4
				22-02-02	组织社区群众参与门店活动	L4
				22-02-03	营造社区商业文化	L4

续上表

工作项目		工作任务		职业能力		学习水平
项目编号	职业素养	任务编号	职业素养	能力编号	能力（知识、技能、方法、工具、要求）	（高职，L_j）
23	门店服务管理	23-01	顾客服务管理知识	23-01-01	了解顾客服务管理理论，熟知顾客关系管理技巧	L4
				23-01-02	熟知增加顾客满意度的方法	L4
				23-01-03	明白营销人员需遵守的规则	L4
		23-02	管理顾客服务	23-02-01	督导及训练员工	L4
				23-02-02	制订顾客服务指标	L4
				23-02-03	分析及处理投诉个案	L4
				23-02-04	制订售前、售中、售后的顾客服务管理规范	L4
				23-02-05	服务质量跟踪	L4
		23-03	现场管理	23-03-01	规范服务礼仪	L4
				23-03-02	监督服务话术、技巧	L4
		23-04	投诉管理	23-04-01	制订客户投诉处理流程（客诉类型、处理流程、权限及授权）	L4
				23-04-02	落实流程执行力度	L4
				23-04-03	处理投诉（谈话、谈判技巧、礼仪）	L4
				23-04-04	填写投诉处理报告（规定格式）	L4
				23-04-05	追责（客户、品牌、供应商、公司、个人等）	L4
				23-04-06	提出改善措施，预防纠正，形成新的流程	L4
		23-05	流程管理	23-05-01	制订、优化流程	L4
				23-05-02	依据流程开展培训	L4
				23-05-03	抽查流程实施过程	L4
				23-05-04	模拟—分析—总结—改善	L4
				23-05-05	安排暗访、明访、电话回访，继续 PDCA 循环	L4
				23-05-06	流程违规惩罚及纠偏	L4
24	门店客源管理	24-01	建立完善客户档案	24-01-01	使用信息技术建立客户档案	L4
				24-01-02	挖掘客户信息，进行有效过滤	L4
				24-01-03	有效地与客户沟通，建立良好的客户关系	L4
		24-02	开发新顾客	24-02-01	及时了解市场及顾客需求动态	L4
				24-02-02	向潜在顾客推荐产品	L4
				24-02-03	通过不同营销渠道扩大顾客服务	L4

续上表

工作项目		工作任务		职业能力		学习水平
项目编号 职业素养		任务编号 职业素养		能力编号	能力（知识、技能、方法、工具、要求）	（高职，L_j）
24	门店客源管理	24-03	提高顾客满意度	24-03-01	树立质量和品牌优势，提升企业形象	L4
				24-03-02	做好服务	L4
				24-03-03	重视声誉塑造	L4
				24-03-04	做好和顾客的沟通交流，满足顾客需求	L4
				24-03-05	创造顾客惊喜	L4
				24-03-06	及时妥善处理顾客抱怨	L4
		24-04	提高顾客忠诚	24-04-01	建立顾客忠诚	L4
				24-04-02	确定顾客价值取向	L4
				24-04-03	实践80/20原则	L4
				24-04-04	保持沟通渠道畅通、便利	L4
				24-04-05	高效快捷解决问题	L4
				24-04-06	提供客户感兴趣的新信息	L4
				24-04-07	针对同一顾客使用多种服务渠道	L4
				24-04-08	持续地提升产品和服务品质	L4
		24-05	挽回流失顾客	24-05-01	调查分析顾客流失原因（价格、便利性、产品、品牌、替代品、服务等）	L4
				24-05-02	有针对性地持续改进	L4
25	门店营销管理	25-01	了解市场	25-01-01	了解市场调研方法	L4
				25-01-02	熟练使用调研工具	L4
				25-01-03	分析调研结果	L4
		25-02	把握顾客需求	25-02-01	分析消费者观念	L4
				25-02-02	分析购买欲望、动机、能力、方式、地点、时机	L4
				25-02-03	准确把握消费者行为	L4
		25-03	制订市场定位策略	25-03-01	分析目标市场	L4
				25-03-02	细分市场	L4
				25-03-03	市场选择	L4
				25-03-04	目标市场定位	L4
		25-04	制订营销组合策略	25-04-01	制订产品策略	L4
				25-04-02	制订价格策略	L4
				25-04-03	制订渠道策略	L4
				25-04-04	制订促销策略	L4
		25-05	编制营销计划	25-05-01	分析营销现状	L4
				25-05-02	发现问题与机会	L4
				25-05-03	确定营销目标	L4
				25-05-04	运用营销策略，编写营销计划书	L4

续上表

工作项目		工作任务		职业能力		学习水平
项目编号	职业素养	任务编号	职业素养	能力编号	能力(知识、技能、方法、工具、要求)	(高职,L_j)
26	商业模式选择	26-01	商业模式透视	26-01-01	识别商业模式的盈利模式	L5
				26-01-02	分析竞争力和优势来源	L5
				26-01-03	判断商业模式为谁创造价值,如何创造价值	L5
				26-01-04	辨别与竞争对手的差异性	L5
				26-01-05	制订时间、空间和规模的目标	L5
		26-02	商业模式选择	26-02-01	明确自身定位	L5
				26-02-02	分析客户需求	L5
				26-02-03	增强体验式消费	L5
		26-03	商业模式画布设计	26-03-01	能进行客户细分	L5
				26-03-02	为细分客户创造价值	L5
				26-03-03	设计沟通渠道,向客户传递价值主张	L5
				26-03-04	了解进行客户关系管理的方法	L5
				26-03-05	确定核心资源	L5
				26-03-06	识别关键业务	L5
				26-03-07	确定合作伙伴	L5
				26-03-08	控制成本	L5
		26-04	打造样板店	26-04-01	了解样板门店标准建立的流程	L5
				26-04-02	了解总部的工作内容(体系搭建、薪资体系、组织架构、流程制度等)	L5
				26-04-03	了解门店的工作要点(商品结构、价格体系、单品管理、品类管理、商品陈列、门店经营定位、卖场布局设计、动线设计、营销策略、卖场氛围营造、损耗控制、定价策略等)	L5
27	门店选址与商圈分析	27-01	门店选址	27-01-01	了解立地调查的内容	L5
				27-01-02	领会立地调查的要点	L5
				27-01-03	开展市场调查(顾客调查、竞争对手等)	L5
		27-02	门店商圈调查	27-02-01	了解商圈构成及顾客来源	L5
				27-02-02	确定影响商圈范围的因素	L5
				27-02-03	进行商圈评价	L5
				27-02-04	进行商圈环境分析	L5
				27-02-05	熟知商圈调查流程	L5
				27-02-06	确定商圈调查内容	L5
		27-03	门店选址确定	27-03-01	了解店址确定的程序	L5
				27-03-02	进行销售预测	L5
				27-03-03	了解选择理论	L5

续上表

工作项目		工作任务		职业能力		学习水平（高职，L_j）
项目编号	职业素养	任务编号	职业素养	能力编号	能力（知识、技能、方法、工具、要求）	
28	门店投资开发可行性分析	28-01	可行性研究内容	28-01-01	了解宏观环境分析的内容	L5
				28-01-02	了解商圈行业概况	L5
				28-01-03	完成商圈市场需求情况调查与预测	L5
				28-01-04	进行商圈主要竞争状况调查分析	L5
				28-01-05	进行业态选择与经营规模分析	L5
				28-01-06	进行选址分析	L5
				28-01-07	进行卖场布局策划	L5
				28-01-08	进行门店经营策略分析	L5
				28-01-09	进行投资估算与筹资方案分析	L5
				28-01-10	进行经济评价	L5
				28-01-11	得出门店开发可行性结论	L5
		28-02	可行性环境分析	28-02-01	了解门店投资开发环境分析的内容	L5
				28-02-02	运用环境分析的方法	L5
		28-03	投资构成分析	28-03-01	了解门店所需资产及其投资构成	L5
				28-03-02	进行门店投资规模估算	L5
		28-04	经济评价	28-04-01	了解评价的内容	L5
				28-04-02	了解评价的程序	L5
				28-04-03	进行门店开发财务营利能力分析	L5
29	打造优秀团队	29-01	组建、优化团队	29-01-01	结合企业经营规划，提出用人需求	L5
				29-01-02	团队结构调整（招、用、留、育人）	L5
				29-01-03	职业愿景规划	L5
				29-01-04	熟知马斯洛需求层次论、木桶原理等团队管理理论	L5
		29-02	绩效管理	29-02-01	制订KPI量化指标及薪资方案	L5
				29-02-02	解读KPI及薪资方案	L5
				29-02-03	监督、核实、分析KPI指标的完成情况	L5
				29-02-04	核实及公布同岗位绩效	L5
		29-03	团队教练及辅导	29-03-01	分析培训需求	L5
				29-03-02	制订培训计划（主题、对象、时间、地点、授课方式、授课人、方式方法、资料等）	L5
				29-03-03	组织培训资源	L5
				29-03-04	监督培训执行（签到表、访谈、考核）	L5
				29-03-05	总结评估培训效果	L5

续上表

工作项目		工作任务		职业能力		学习水平 (高职, L_j)
项目编号	职业素养	任务编号	职业素养	能力编号	能力(知识、技能、方法、工具、要求)	
29	打造优秀团队	29-04	员工满意度	29-04-01	家庭访谈、特殊员工关注、团队活动、个别谈话	L5
				29-04-02	员工满意度调研	L5
				29-04-03	设计员工职业晋升通道	L5
				29-04-04	定期的晋升考核	L5
				29-04-05	评选、表彰、表扬优秀员工	L5
				29-04-06	设置服务年限奖(工龄工资)	L5
				29-04-07	团队文化建设(共同愿景、目标、价值观)	L5
				29-04-08	情绪掌控(观察、安抚)	L5
		29-05	打造优秀团队	29-05-01	增加团队凝聚力	L5
				29-05-02	提高团队执行力	L5
				29-05-03	提升领导力	L5
				29-05-04	处理好团队内外冲突	L5
30	塑造门店特色文化	30-01	门店文化认知	30-01-01	了解门店文化构成的要素	L5
				30-01-02	了解CIS的理念	L5
		30-02	门店文化设计	30-02-01	了解外观设计原则与方法	L5
				30-02-02	了解外观设计的要素	L5
				30-02-03	把握门店整体形象设计的要素	L5
		30-03	门店文化落地	30-03-01	了解开业推广的内容	L5
				30-03-02	把握门店开业推广的关键要素	L5
				30-03-03	按照运营标准持续经营并不断改进	L5
31	提升门店经营能力	31-01	门店经营数据分析与诊断	31-01-01	优化商品品类——从商品销售数据进行分析(商品删除、引进新品)	L5
				31-01-02	进行科学订货——从库存及损耗数据进行分析	L5
				31-01-03	有效提高来客数——从零售管理4P角度分析	L5
				31-01-04	有效提高客单价——从零售管理4P角度分析	L5
				31-01-05	有效提升利润率——从零售管理4P角度分析	L5
				31-01-06	有效提高进店率——从零售管理4P角度分析	L5
				31-01-07	有效提高体验率——从零售管理4P角度分析	L5

续上表

工作项目		工作任务		职业能力		学习水平
项目编号	职业素养	任务编号	职业素养	能力编号	能力（知识、技能、方法、工具、要求）	（高职，L_j）
31	提升门店经营能力	31-01	门店经营数据分析与诊断	31-01-08	有效提高成交率——面对面顾问式导购	L5
				31-01-09	有效提高连单率——从人员推销技巧进行分析	L5
				31-01-10	有效提高回头率——从产品品质、服务进行分析	L5
		31-02	做好动态销管	31-02-01	了解动态销管的内涵	L5
				31-02-02	识别影响销售的因素	L5
				31-02-03	快速响应，制订动态销管措施	L5
		31-03	市场督导与管理	31-03-01	了解市场督导的内容	L5
				31-03-02	监督公司作业系统与规范的执行	L5
				31-03-03	指导公司作业系统执行	L5
				31-03-04	给予门店激励与鼓舞	L5
				31-03-05	能有针对性地对门店进行指导，帮助店长提升经营能力与技巧	L5
				31-03-06	能协助门店与各职能部门进行沟通	L5
		31-04	门店创新	31-04-01	能运用最新的信息技术进行运营管理	L5
				31-04-02	能制订最能迎合消费者需求的营销方案	L5
				31-04-03	能不断为顾客创造惊喜	L5
				31-04-04	树立始终以顾客为中心的营销理念	L5
				31-04-05	了解增加顾客体验的方法与手段	L5
		31-05	竞争战略	31-05-01	树立正确的竞争意识	L5
				31-05-02	识别门店的核心竞争力	L5
				31-05-03	选择适合门店的竞争策略	L5
				31-05-04	能不断创新，避免采取低端的竞争手段	L5
32	职业素养	32-01	职业规划	32-01-01	有上进心	L2
				32-01-02	有清晰的个人职业规划	L2
				32-01-03	明白个人优劣势，并努力提升自身	L2
		32-02	沟通交流	32-02-01	领会上级意图	L2
				32-02-02	善于倾听，明白客户诉求	L2
				32-02-03	及时准确传递市场和客户信息到公司相关部门	L2

续上表

工作项目		工作任务		职业能力		学习水平
项目编号	职业素养	任务编号	职业素养	能力编号	能力(知识、技能、方法、工具、要求)	(高职，L_j)
32	职业素养	32-02	沟通交流	32-02-04	善于发现问题，并及时反馈给对方	L2
				32-02-05	掌握沟通技巧	L2
				32-02-06	善于沟通，表达能力强(文字、口头)，人际关系得当	L2
				32-02-07	具备较好的方案制订、汇报、总结能力	L2
		32-03	数字应用	32-03-01	能对基本的财务、统计报表进行分析	L3
				32-03-02	能使用办公软件进行数据统计	L3
				32-03-03	具备基本的成本意识	L3
		32-04	自我管理	32-04-01	自我学习、自我成长	L3
				32-04-02	学习行业知识、产品知识、管理知识、市场新趋势	L3
				32-04-03	能有效进行时间管理	L3
				32-04-04	能进行自我约束，有良好个人习惯	L3
		32-05	革新创新	32-05-01	有创新意识	L5
				32-05-02	思路灵活，解决问题思路清晰，有革新意识	L5
				32-05-03	能运用新技术、新方法提高效率	L5
				32-05-04	关注行业最新的发展动态	L3
		32-06	团队协作	32-06-01	有分工协作意识	L3
				32-06-02	能服从安排	L3
				32-06-03	有集体荣誉感	L3
				32-06-04	能够共同完成团队任务	L3
				32-06-05	有凝聚力	L3
				32-06-06	能发现别人之所长	L3
				32-06-07	一视同仁	L3
		32-07	解决问题	32-07-01	能主动发现问题	L4
				32-07-02	正确认识问题	L4
				32-07-03	能及时反馈问题	L4
				32-07-04	形成解决问题的思路	L5
				32-07-05	能协调资源解决问题	L5
				32-07-06	有防范意识，避免问题发生	L4
		32-08	责任意识	32-08-01	有安全防护意识	L3
				32-08-02	有责任心、能担当	L4
				32-08-03	教导下属	L4

续上表

工作项目		工作任务		职业能力		学习水平
项目编号	职业素养	任务编号	职业素养	能力编号	能力(知识、技能、方法、工具、要求)	(高职,L_j)
32	职业素养	32-08	责任意识	32-08-04	不隐瞒	L3
				32-08-05	帮助员工进行职业规划	L3
		32-09	组织能力	32-09-01	能合理分工	L3
				32-09-02	调动员工的积极性	L3
				32-09-03	组织团队活动	L3
		32-10	信息处理	32-10-01	对信息有敏锐的触觉	L3
				32-10-02	了解信息处理的方法	L3
				32-10-03	掌握一定信息技术	L3
				32-10-04	正确应用信息	L3
		32-11	外语应用	32-11-01	能进行基本的外语导购	L2
				32-11-02	基本能看懂外语产品说明	L2
		32-12	抗压能力	32-12-01	面对挫折,不气馁	L3
				32-12-02	能忍耐	L3
				32-12-03	在有压力的情况下,保持相对轻松的心态	L3
		32-13	其他	32-13-01	吃苦耐劳,能接受加班、调休	L2
				32-13-02	性格开朗	L2
				32-13-03	有包容心	L3
				32-13-04	任劳任怨,不怕辛苦	L2
				32-13-05	有牺牲精神(时间、精力)	L3
				32-13-06	耐得住寂寞	L3
				32-13-07	爱岗敬业	L3
				32-13-08	积极主动	L3
				32-13-09	服务意识强、服务态度好	L3

注:"学习水平"中高职 L_j 的 j 对应职业生涯发展路径中高职学历人员的发展层次,若是Ⅲ等级层,用 L3 表示;若是Ⅳ等级层,则用 L4 表示。

第4章 现代学徒制高职市场营销专业教学标准

4.1 招生与培养的基本信息

1. 专业名称及代码

(1) 专业名称：市场营销。

(2) 专业代码：630701。

2. 招生对象

普通高中毕业生；高级中等教育学校毕业或具有同等学力者；中高职衔接转段考核合格的中职学校财经大类专业等相关专业的正式学籍学生。

3. 基本学制与学历

1) 学制

基本学制为全日制两年（面向中职学校财经大类专业学生、企业相关岗位员工，即有专业基础及工作经历）或全日制三年（面向普通高中毕业生），实行弹性学制，学生总修业时间（不含休学）不得超过六年。

2) 学历

学习合格取得专科学历。

4. 培养目标

本专业与××企业（联合培养企业）以现代学徒制的模式联合在岗培养思想政治坚定、德技并修、全面发展，适应现代商业流通等行业企业需要，具有良好职业道德和人文素质，掌握营销管理、门店运营管理、商业经营的知识和能力，面向营销领域，具有商圈调研与分析、消费行为分析、营销策划、商品品类管理、门店运营管理、商业经营能力，具备"一技之长+综合素质"，有较强工匠精神和创新创业意识与能力，主动适应产业转型升级和企业技术创新需要的高素质劳动者和技术技能人才。

5. 培养方式

本专业实行学校和企业联合招生、联合培养、一体化育人的"双主体"培养模式。职业院校承担系统的专业知识、技能的教学；企业通过师傅带徒弟的形式，依据培养方案承担学徒岗位技术、技能的教学，真正实现校企一体化育人。教学任务由学校导师和企业导师共同承担，形成双导师制，校企双方对学生共同教育、共同管理、共同评价。

4.2 职业范围

1. 职业生涯发展路径

现代学徒制高职院校市场营销专业毕业生职业生涯发展路径见本书表 3-2。

2. 面向职业范围

现代学徒制高职市场营销专业面向职业范围见表 4-1。

表 4-1　现代学徒制高职市场营销专业面向职业范围

所属专业大类（专业类）	所属专业大类（专业类）代码	对应行业	主要职业类别	主要岗位或技术领域（学徒目标方向）	职业技能等级证书、社会认可度高的行业企业（人才）标准或证书举例
财经商贸大类（市场营销类）	63（6307）	批发业零售业	市场营销专业人员	销售主管/店长、调研主管、客服主管、策划专员	暂无

各主要岗位所需的能力如下。

(1) 销售主管/店长岗位：具有带领一支销售团队并负责某一产品或服务的销售、管理的能力，能较好地完成销售任务。

(2) 调研主管岗位：具有带领一支调研团队，独立地完成既定的调研项目及团队管理工作的能力。

(3) 客服主管岗位：具有带领一支客户服务团队，完成相关的客户服务及团队管理工作的能力。

(4) 策划专员：具有撰写市场策划方案、撰写和编制广告方案，并有效地组织实施与监控的能力。

4.3 人才培养

1. 综合素质

(1) 思想政治素质：树立马克思主义的世界观、人生观、价值观，拥护中国共产党的领导，拥护社会主义制度，热爱祖国，热爱中华民族，具有中国特色社会主义道路自信、理论自信、制度自信、文化自信，积极践行社会主义核心价值观。

(2) 职业素质：具有良好的职业态度和职业道德修养，具有正确的择业观和创业观。坚持职业操守，爱岗敬业、诚实守信、办事公道、服务群众、奉献社会；具备从事职业活动所必需的基本能力和管理素质；脚踏实地、严谨求实、勇于创新。

(3) 人文素养与科学素质：具有融合传统文化精华、当代中西文化潮流的宽阔视野；

具备文理交融的科学思维能力和科学精神;具有健康、高雅的生活情趣和勤勉的工作态度;具有适应社会核心价值体系的审美立场和方法能力;奠定个性鲜明、善于合作的个人成长成才的素质基础。

(4)身心素质:具有一定的体育运动和生理卫生知识,养成良好的锻炼身体、讲究卫生的习惯,掌握一定的运动技能,达到国家规定的体育健康标准;具有坚忍不拔的毅力、积极乐观的态度、良好的人际关系、健全的人格品质。

(5)创新创业素质:关心本专业领域的发展动态,具有服务他人、服务社会的情怀;积极参与,乐于分享,敢于担当,具有良好的沟通能力与领导力;掌握创新思维基本技法,具有良好的分析能力、主动解决问题的意识与建构策略方案的能力;思维活跃、行动积极,具有自我成就意识。

2. 职业素养(见表4-2)

表4-2 职业素养

职业素养	合作企业要求举例
职业规划	有清晰的个人职业规划,努力提升自身
沟通合作	善于沟通,表达能力强,人际关系得当
自我管理	自我学习、自我成长,能有效进行时间管理
责任意识	有责任心,能担当
抗压能力	在有压力的情况下,保持相对轻松的心态

3. 专业知识

(1)掌握现代零售业种、业态的基本知识和发展趋势。

(2)掌握消费行为和消费心理分析的基本内容和分析方法。

(3)掌握营销调研的方式、方法、流程,基本抽样方法和数据分析方法,市场调查报告的撰写方法、调研预测的方法。

(4)掌握营销计划和控制等营销组织管理的基本方法。

(5)掌握职业生涯规划的方法。

(6)掌握营销活动策划与组织的基本内容和方法。

(7)熟悉现代市场营销的新知识、新技术。

(8)掌握零售连锁门店销售、管理、经营的基本内容和方法。

(9)掌握自媒体营销工具的使用方法。

(10)掌握零售数据分析的方法。

4. 专业能力（见表4-3）

表4-3 专业能力

专业能力		合作企业要求举例
通用能力	(1)具有探究学习、终身学习、分析问题和解决问题的能力； (2)具有良好的语言、文字表达能力和沟通能力； (3)具备商务礼仪规范应用能力； (4)具有独立思考、逻辑推理和信息加工能力； (5)具备一定的商业信息技术与工具应用能力	(1)理解流通行业企业发展趋势及企业发展战略； (2)掌握零售门店不同岗位角色定位及工作内容； (3)根据门店所处商圈的具体情况，结合门店运营目标进行运营管理，完成门店的绩效目标
专业技术技能	(1)能够与客户进行有效沟通； (2)能够对客群和竞争者进行分析； (3)能够组织实施营销产品的市场调查与分析； (4)能够组织实施品牌和产品的线上线下推广和促销活动； (5)能够组织实施推销和商业谈判； (6)能够对客户关系和销售进行日常管理； (7)能够为小微企业或零售门店进行营销活动策划并组织实施； (8)具备数据意识和商务数据分析应用能力； (9)能够掌握工作流程，开展门店运营管理	

4.4 典型工作任务及职业能力分析

根据本专业零售行业职业店长目标岗位，运用"二维四步五解"、头脑风暴、文献研究、问卷调查、案例研究等方法，开展行业企业专家研讨，获得14个典型工作任务，以及31个工作项目、118项工作任务、519条职业能力点。典型工作任务见表4-4，其中的工作项目及职业能力要求与"表3-5 现代学徒制市场营销专业职业能力分析表"对应。

表4-4 典型工作任务一览表

序号	典型工作任务	工作项目及职业能力要求
1	行业企业认知	01 行业企业认知 02 岗位角色认知 03 熟悉工作环境 04 塑造职业形象

续上表

序号	典型工作任务	工作项目及职业能力要求
2	销售商品	05 营业前准备 06 营业中管理 07 营业后工作 08 做好导购准备 09 接触顾客 10 推介商品 12 达成交易 13 安排付款 14 结束送客
3	客户服务与管理	11 处理顾客异议 22 门店社群关系管理 23 门店服务管理 24 门店客源管理
4	商品陈列与维护	15-01 利用陈列提升门店销售业绩 15-02 商品陈列维护
5	制订与实施促销计划	16-01 做好促销前准备 16-02 做好促销中的管控 16-03 做好促销后的总结
6	门店布局与规划	18-01 门店布局 18-02 门店布局调整优化 18-03 实现门店布局诱导
7	门店商品管理	19-01 确定门店商品组织结构 19-02 商品组合单品配置 19-03 评估商品品类 19-04 优化商品组合 19-05 商品价格管理 19-06 商品促销管理 19-07 商品订货管理 19-08 商品验收管理 19-09 商品库存管理 19-10 商品安全与防损
8	门店销售管理	20-01 执行总部下达的销售计划 20-02 执行总部下达的促销计划和促销活动 20-03 掌握门店的销售动态 20-04 拓展销售途径 20-05 提升销售毛利 20-06 提升销售额 20-07 营造门店销售氛围

续上表

序号	典型工作任务	工作项目及职业能力要求
9	门店人员管理	21-01 做好员工日常管理 21-02 招聘 21-03 分工 21-04 培训 21-05 考核
10	门店营销管理	25-01 了解市场 25-02 把握顾客需求 25-03 制订市场定位策略 25-04 制订营销组合策略 25-05 编制营销计划
11	商业模式选择	26-01 商业模式透视 26-02 商业模式选择 26-03 商业模式画布设计 26-04 打造样板店
12	商圈与可行性分析	27 门店选址与商圈分析 28 门店投资开发可行性分析
13	打造优秀团队	29-01 组建、优化团队 29-02 绩效管理 29-03 团队教练及辅导 29-04 员工满意度 29-05 打造优秀团队
14	塑造门店特色文化	30-01 门店文化认知 30-02 门店文化设计 30-03 门店文化落地
15	提升门店经营能力	31-01 门店经营数据分析与诊断 31-02 做好动态销管 31-03 市场督导与管理 31-04 门店创新 31-05 竞争战略

4.5 课程体系

4.5.1 课程结构

本专业的课程体系建构是根据人才培养目标来设定的，课程结构分为公共基础课程和专业课程两个模块，专业课程分为专业技术技能课程、学徒岗位能力课程、专业拓展课程三类。公共基础课程重在培养学生的文化基础知识和人文素养。专业技术技能课程针对的是市场营销职业岗位(群)共同需要的职业能力,是为解决实际工作问题而设置的课程。学徒岗位能力课程是根据学徒岗位的特定要求而专门设置的课程。专业拓展课程是拓展学生知识广度、深度的课程,是为现代学徒制适应其他企业岗位的能力要求而设置的课程。具体见表4-5。

表4-5 现代学徒制高职市场营销专业课程结构表

课程模块		课程名称	课程性质
公共基础课程		思想品德修养与法律基础	必修课
		毛泽东思想和中国特色社会主义理论体系概论	必修课
		形势与政策	必修课
		廉洁修身	必修课
		军训	必修课
		军事理论	必修课
		大学生健康与安全教育	必修课
		高职英语	必修课
		现代信息技术应用基础	必修课
		体育	必修课
		体能测试	必修课
		公益劳动	必修课
		就业指导与职业生涯设计	必修课
		创新创业基础	必修课
专业课程	专业技术技能课程	市场营销实务	必修课
		市场调研	必修课
		消费行为分析	必修课
		推销实务	必修课
		客户服务与管理	必修课
		营销策划	必修课
		市场营销沙盘模拟实训	必修课
		学徒考核(毕业调研)	必修课
	学徒岗位能力课程	行业企业认知与岗前辅导	限选课
		销售型店长	限选课
		管理型店长	限选课
		经营型店长	限选课
		职业店长综合技能训练	限选课
	专业拓展课程	由学校自行设置,不低于6学分	任选课

4.5.2 课程内容及要求

1. 公共基础课程（见表4-6）

表4-6 公共基础课程内容和要求

序号	课程名称	主要教学内容和要求	参考学时
1	思想品德修养与法律基础	本课程是高校大学生进行思想道德和法制观念教育的必修课。通过该课程的理论学习和实践体验，帮助大学生形成正确的理想信念，弘扬爱国主义精神，确立正确的人生观和价值观，加强思想品德修养，增强学法、守法、用法的自觉性，全面提高思想道德素质和法律素质，成为品学兼优的社会主义现代化建设应用型人才	54
2	毛泽东思想和中国特色社会主义理论体系概论	本课程主要对学生进行中国特色社会主义理论与实践教育，使学生能够正确地理解和掌握毛泽东思想、中国特色社会主义理论的科学体系、精神实质和立场、观点、方法，树立建设中国特色社会主义的坚定信念，培养运用马克思主义的立场、观点和方法分析和解决问题的能力，增强执行党的基本路线和基本纲领的自觉性和坚定性，积极投身全面建设小康社会的伟大实践	72
3	形势与政策	本课程通过了解国际、国内形势，使学生全面正确认识党和国家面临的形势和任务，正确认识世情、国情、党情，正确理解并拥护党的路线、方针和政策；增加学生的爱国主义责任感和使命感，不断提高学生的爱国主义和社会主义觉悟；增强实现改革开放和社会主义现代化建设宏伟目标的信心和社会责任感，提高当代大学生投身于国家经济建设事业的自觉性和态度，明确自身的人生定位和奋斗目标	64
4	廉洁修身	通过本课程各个环节的教学，强化修身、廉洁教育内容，使修身、廉洁文化"进校园""进头脑"，在大学生中树立以廉为荣、以贪为耻的社会主义道德观，打好勤劳节俭、廉洁奉公、修身立德的思想基础	18
5	军训	让学生了解掌握基本军事技能，增强国防观念、国家安全意识和忧患危机意识，弘扬爱国主义精神、传承红色基因、提高学生综合国防素质	56
6	军事理论	让学生了解掌握军事基础知识，增强国防观念、国家安全意识和忧患危机意识，激发爱国热情，弘扬爱国主义精神、传承红色基因、提高学生综合国防素质	36
7	大学生健康与安全教育	帮助学生树立健康与安全意识，掌握维护健康与安全的知识和技能，提高应对健康与安全风险的能力，增强维护全民健康与安全的社会责任感	32

续上表

序号	课程名称	主要教学内容和要求	参考学时
8	高职英语	本课程以培养学生实际应用英语的能力为目标，侧重职场环境下语言交际能力的培养，使学生逐步提高用英语进行交流与沟通的能力。同时，使学生掌握有效的学习方法和策略，培养学生的学习兴趣和自主学习能力，提高学生的综合文化素养和跨文化交际意识，为提升学生的就业竞争力及未来的可持续发展打下必要的基础	144
9	现代信息技术应用基础	使学生初步掌握计算机原理、Windows 操作系统、计算机信息处理技术、计算机网络安全等基本知识与操作技能，了解新一代信息技术的基本原理及应用。内容包括：计算机语言简介、计算机软硬件组成；Windows 操作系统的基本功能与使用方法；Word 文档的综合排版、PPT 的设计与制作、Excel 综合数据处理；网络的基本概念、IP 地址的概念与配置、病毒与木马的防治、信息安全法规、自我信息安全的保护；计算机新技术（云计算、大数据、区块链、物联网、人工智能、VR/AR）的基本原理及应用案例	60
10	体育	本课程的目标是全面锻炼学生的身体，增强体质，使学生掌握体育基本知识、技术、技能，培养终身体育锻炼的能力和习惯。通过本课程的学习和训练，使学生了解体育锻炼的原则与方法、常见运动损伤的预防与处理，具有一定的体育文化欣赏能力；掌握两项以上体育运动项目的基本知识、技术、技能；增强体质，促进身心健康，培养吃苦耐劳、勇敢顽强的意志品质。养成终身体育锻炼的能力和习惯，健康体质测试标准合格。 本课程以身体练习为主要手段，通过合理的体育与健康教育和科学的体育锻炼过程，达到增强体质、增进健康和提高体育素养的主要目标。课程主要涉及体育与健康的基本理论、田径、球类、武术、运动保健等内容，通过学习，学生可掌握各专项运动的基本知识、技术和技能；加强身体全面训练，改善身体形态、机能，提高身体素质和运动能力，增进健康；掌握科学锻炼身体的方法和保健养生及运动损伤预防常识	90
11	体能测试	通过体能测试对学生体质健康进行量化综合评定，激励学生积极进行身体锻炼，促进学生体质健康发展。通过对学生身高、体重、肺活量、坐位体前屈、立定跳远、50 米跑、一分钟仰卧起坐（女）、引体向上（男）、800 米跑（女）、1000 米跑（男）等的测试，对学生体质状况和体育锻炼效果进行评价，以此指导学生科学开展体育活动和锻炼	18

续上表

序号	课程名称	主要教学内容和要求	参考学时
12	公益劳动	落实习近平总书记关于构建德智体美劳全面培养的教育体系的要求，帮助学生树立热爱劳动的意识，重视和尊重劳动者，珍惜他人的劳动成果，培养艰苦奋斗和团结协作的美好品质。对学校公共区域及主要学习场所进行清洁、保洁，通过交流劳动心得、总结劳动收获、分享劳动经验等方式，引导学生端正劳动态度，养成劳动习惯	16
13	就业指导与职业生涯设计	本课程是关于职业启蒙、职业目标、职业意识、求职技巧和创业准备的应用型课程，教学目的是培养学生的社会能力和方法能力，提高其可雇用能力。让学生理解职业与成才的关系、理解职业生涯设计的意义和基本内容，让学生学会认识自己和社会，初步完成职业生涯设计；让学生初步形成职业意识，学会初到企业的通用行为规范，学会处理企业中的人际关系；让学生初步学会求职申请和面试的基本技巧	36
14	创新创业基础	本课程是创新创业梯级课程体系的基础启蒙课程，主要任务是培养学生创新精神与创业意识，教授学生创业知识、锻炼创业能力。以创业者素质要求→评估创业机会→创建企业→创业过程管理→创业企业发展为主线，通过本课程学习，学生可掌握开展创业活动所需要的基本知识，认知创业的基本内涵和创业活动的特殊性，辩证地认识和分析创业机会、创业资源、创业计划和创业项目；具备必要的诚信力、决策力、管理力、创建力和社交力等素质，掌握创业资源整合与创业计划撰写的方法，熟悉新创企业的开办流程与管理，提高创办和管理企业的综合素质和能力；树立科学的创业观，主动适应国家经济社会发展和个体的全面发展需求，正确理解创新创业与职业生涯发展的关系，自觉遵循创新创业规律，积极投身创新创业实践	36

2. 专业技术技能课程（见表4-7）

表4-7 专业技术技能课程内容和要求

序号	课程名称	对接典型工作任务及职业能力	主要教学内容和要求	参考学时
1	市场营销实务	25	本课程主要内容包括了解市场、把握顾客需求、进行市场细分、选择目标市场、制订市场定位策略、制订产品策略、制订价格策略、制订渠道策略、制订促销策略、编制营销计划。通过学习，学生能进行市场环境分析、目标市场细分与选择，能有针对性地制订营销组合策略	72

续上表

序号	课程名称	对接典型工作任务及职业能力	主要教学内容和要求	参考学时
2	市场调研	25-01、16-01-01、27-02	本课程主要内容包括市场调查与预测的基本理论与方法，调研工具的使用，根据调研主题设计调研方案，制订、组织与实施调研执行计划，收集资料信息，进行信息分析与处理，撰写调研报告，制订调研策划，制订各类营销战略、策略及具体的行动方案，开展促销调研，开展商圈调研分析	72
3	消费行为分析	08-03、25-02	本课程主要内容包括商圈消费群结构分析、消费群消费习惯和心理分析、消费群购买力分析、消费者观念分析、影响消费者行为因素分析等	72
4	推销实务	09-01、09-03、09-04、10-01、10-02、12	本课程主要内容包括发现顾客、评估顾客、学会倾听、推介商品、识别成交信号、抓住成交机会、运用成交方法、说服顾客成交等内容。学生通过学习，能具备识准顾客的能力，挖掘顾客需求的能力，处理顾客异议、达成交易的能力	72
5	客户服务与管理	01-02-05、04-01、04-02、06-01-08、09-02-01、09-02-02、11、22-01-03、22-01-08、23、24	本课程主要内容包括企业服务理念、职场形象塑造、如何在职场运用服务礼仪、顾客异议处理、顾客投诉处理、门店服务管理、门店客源管理等。通过学习，学徒能结合岗位工作切实提升客户服务与管理的能力与水平，提升客户满意度	72
6	营销策划	08、16-01、16-02、18、19-01、19-02、19-05、20-04	本课程主要内容包括门店营销调研、门店布局策划、门店商品组合策划、门店价格策划、门店渠道拓展策划、门店促销策划等	72

注："对接典型工作任务及职业能力"一栏中为典型工作任务和职业能力编号，编号与表3-5对应。

3. 学徒岗位能力课程（见表4-8）

表4-8 学徒岗位能力课程内容及要求

序号	课程名称	对接典型工作任务及职业能力	主要教学内容和要求	参考学时
1	行业企业认知与岗前辅导	01、02、03、04	本课程主要是让学徒对零售行业、联合培养企业、岗位角色、岗位工作内容、工作环境有一个全面的认知，让学徒熟悉其在岗培养的工作环境，帮助其塑造职业形象、调整角色心态等	72

续上表

序号	课程名称	对接典型工作任务及职业能力	主要教学内容和要求	参考学时
2	销售型店长	05、06、07、08、09、10、11、12、13、14、15、16	本课程主要培养学徒的商品销售能力，主要包括营业前准备、营业中管理、营业后工作、面对面顾问式导购、做好导购准备、接触顾客、推介商品、处理顾客异议、达成交易、安排付款、结束送客等项目内容。通过课程学习，学生结合岗位工作能切实提升商品或服务的销售能力	108
3	管理型店长	17、18、19、20、21、22、23、24、25	本课程主要培养学徒的门店运营管理能力，主要学习内容包括转变角色、门店布局与规划、商品管理、销售管理、人员管理、社群关系管理、服务管理、客源管理、营销管理等。通过学习，学生能结合岗位工作内容，提升其门店运营管理的能力	108
4	经营型店长	26、27、28、29、30、31	本课程主要培养学徒的商业经营能力，主要内容包括商业模式选择、选址与商圈分析、投资开发可行性分析、打造优秀团队、塑造门店特色文化、提升门店经营能力等	108
5	职业店长综合技能训练	05–01、11–02、15–01、16–01、16–02、16–03、19–01、19–02、19–04、19–05、19–07、19–10、20–03、20–05、20–06、20–07、25–04、26–04、27–02、29–01、29–02、29–03、31–01、31–02、31–04、31–05	本课程主要是融合了岗位工作任务和工作内容的技能训练，通过轮岗训练和同一岗位反复的技能训练，让学生在岗位成长、在岗位成才，切实提升其岗位胜任能力。主要内容包括门店销售能力训练、门店运营管理能力训练、门店经营能力训练	540

注："对接典型工作任务及职业能力"一栏中为典型工作任务与职业能力编号，编号与表3–5对应。

4.6　教学安排

现代学徒制高职市场营销专业三年制教学安排见表4–9。

表 4-9 三年制教学安排表

课程类别		课程名称	学分	总学时	各学期教学周数及学时分配*						教学场所		评价方式	说明
					第一学期	第二学期	第三学期	第四学期	第五学期	第六学期	学校	企业		
					16周	18周	18周	18周	18周	18周				
公共基础课程	必修课	思想道德修养与法律基础	3	54	2/13	2/14					√		笔试	
		毛泽东思想和中国特色社会主义理论体系概论	4	72	4/9	2/18					√		笔试	
		形势与政策	1	64	2/16	2/16					√		笔试	
		廉洁修身	1	18	2/4						√		笔试	另有课外实践10课时
		军训	2	56	2周						√		笔试	纯实践课
		军事理论	2	36	2/4						√		笔试	另有课外网络学习28学时
		大学生健康与安全教育	2	32	4/8						√		笔试	
		高职英语	8	144	6/12	4/18					√		笔试	
		现代信息技术应用基础	3	60		4/15					√		笔试	
		体育	6	90	2/15	2/15	2/15				√		任务笔试	
		体能测试	0.5	18		6		6		6	√		任务考核	课外实践
		公益劳动	1	16		16					√		任务考核	课外实践16课时
		就业指导与职业生涯设计	2	36	2/9				2/9		√		笔试	
		创新创业基础	2	36			4/9				√		笔试	
		……												
		小计	37.5	732										

* 学时分配一栏中,为使表格简洁,"/"后数字代表排课周数,"/"前数字代表每周学时数,如"2/13"代表安排13周课,每周2学时。

续上表

课程类别		课程名称	学分	总学时	各学期教学周数及学时分配*						教学场所		评价方式	说明
					第一学期	第二学期	第三学期	第四学期	第五学期	第六学期	学校	企业		
					16周	18周	18周	18周	18周	18周				
专业课程	专业技术技能课程（必修课）	市场营销实务	4	72	6/12						√	√	任务考核	
		市场调研	4	72	4/18						√	√	任务考核	
		消费行为分析	4	72		4/18					√	√	任务考核	
		推销实务	4	72		4/18					√	√	任务考核	
		客户服务与管理	4	72			4/18				√	√	任务考核	
		营销策划	4	72			4/18				√	√	任务考核	
		市场营销沙盘模拟实训	2	56			2周				√	√	任务考核	纯实践课
		学徒考核	6	168						6周		√	答辩	
		……	……	……										
		小计	32	656										
	学徒岗位能力课程（限选课）	行业企业认知与岗前辅导	4	72				4/18			√	√	任务考核	
		销售型店长	6	108				6/18			√	√	业务考核	
		管理型店长	6	108					6/18		√	√	业务考核	
		经营型店长	6	108						6/18	√	√	业务考核	
		职业店长综合技能训练	30	540				10/18	10/18	10/18	√	√	业务考核	
		……	……	……										
		小计	52	936										
		已安排课程合计	121.5	2326	0									
任选课（含专业拓展课程）		……	……	200～400										

续上表

课程类别	课程名称	学分	总学时	各学期教学周数及学时分配*						教学场所		评价方式	说明
				第一学期	第二学期	第三学期	第四学期	第五学期	第六学期	学校	企业		
				16周	18周	18周	18周	18周	18周				
合计		不低于130	2500~2700	22									

注：(1)高职学段总学时数为2500～2700学时，专业技术技能课程和学徒岗位能力课程占1500～1600学时。(2)评价方式：①笔试；②面试；③任务考核；④业绩考核等。(3)总学分不低于130，含军训及入学教育、在岗培养、社会实践、毕业教育等活动的学分。(4)"……"表示由各院校自行安排的必修课程、选修课程。

4.7 教学基本条件

4.7.1 学校条件

1. 学校导师条件

学校导师需满足以下条件：

(1)本专业学徒制学生与学校导师的生师比≤20。

(2)学校导师需具备本专业或相关专业本科以上学历，并具有高等职业学校教师资格证书、中级以上专业技术资格所要求的业务能力和专业实践能力。

(3)学校导师"双师素质"比例≥90%。

(4)青年教师中，具备研究生学历或硕士、博士学位的比例≥60%。

(5)学校导师人均年企业实践时间≥21.88天。

(6)学校导师需具有强烈的事业心和高度的责任心，具有高度的职业素养，爱岗敬业，教书育人。

(7)学校导师具有较强的教学能力、教学研究与课程开发能力，能够在教学、教改、教学资源建设、服务企业等工作中发挥重要作用。

2. 校内实训室

校内实训必须具备市场营销沙盘模拟实训室、市场营销综合实训室等实训条件，主要设施设备及数量见表4-10。

表4-10 校内实训室主要设施设备及数量

序号	实训室名称	主要设施设备		
		名称	要求	数量(台/套)
1	市场营销沙盘模拟实训室	教学软件;教师工作站;学生工作站;服务器;电脑;网络;投影仪;音响设备等;黑(白)板等	营销沙盘模拟教学软件能进行市场调研与分析技能、目标市场选择与定位技能、营销方案设计与活动策划技能和成本核算与财务分析技能的训练	市场营销沙盘教学软件1套;教师工作站1个;学生工作站8个;投影仪1台;音响设备1套;服务器1台;黑(白)板1套
2	市场营销综合实训室	市场营销系列教学软件;教师工作站;学生工作站;电脑;网络;服务器;投影仪;音响设备等;黑(白)板等	市场营销教学软件应涵盖市场调研、商圈分析、消费行为分析、营销策划、广告策划等一系列功能;教学设备能保证教学的顺利开展	市场营销教学软件多套(涵盖市场调研、商圈分析、消费行为分析、营销策划、广告策划等功能);教师工作站1个;学生工作站8个;投影仪1台;音响设备1套;服务器1台;黑(白)板1套

4.7.2 企业条件

1. 企业导师条件

企业导师需满足以下条件:

(1)热爱教育事业,愿意为教育事业付出精力。

(2)了解高职教育的特点与高职教育的规律。

(3)具备扎实的管理技能及相应的管理经验。

(4)沟通表达能力好,能采取合理的教学方式指导学生。

(5)企业导师应为来自合作企业管理岗位、专业岗位、专业技术培训岗位、专业一线的业务能力突出的优秀员工,具有3年以上工作经验。

(6)本专业学徒制学生与企业导师的生师比≤10。

2. 岗位培养条件

(1)合作企业有充足的培养岗位,学徒可以进行轮岗培养,并且该岗位与学徒的人才培养目标一致,实现专业与职业的衔接,培养学徒的岗位专业技能。

(2)合作企业具备可以开展集中培训、教学的培训室等教学条件。

(3) 合作企业在学徒上岗前应对其进行上岗前安全防护知识、岗位操作规程的培训，落实安全防护措施，避免发生伤亡事故。

(4) 合作企业应具备完善的在岗培养课程体系、课程内容，提供完善的多元化学习资源和学习平台，为学徒提供良好的学习工作条件。

(5) 合作企业应具备完善的在岗培养质量考核和评价机制。

(6) 每8～10名学徒安排1位企业导师，每1～5名学徒安排1名岗位帮带师傅。

(7) 学徒在岗培养期间，合作企业能为其提供住宿条件。

(8) 合作企业为学徒提供完善的培训、培养、晋升机制和平台。

(9) 合作企业为学徒在培养期间购买工伤保险和意外伤害保险等相关保险。

(10) 合作企业有义务保障学徒的合法权益。在学徒遵守合作企业各项规章制度和完成规定工作任务的条件下，合作企业应给予学徒适当的工资（具体工资标准在劳动合同中予以明确），工资按月直接发给学徒。如合作企业安排学徒出差，学徒应享受与合作企业员工相同的出差待遇。合作企业如要求学徒在国家法定节假日工作，须按照相关规定给予加班酬金。

4.8 教学实施建议

4.8.1 教学要求

现代学徒制市场营销专业以提高人才培养质量为目标，通过在岗培养提升学徒的岗位胜任能力，帮助学徒在岗位成长、成才。为达到人才培养目标，在教学中需满足以下要求。

(1) 构建一支校企深度融合的师资团队，每8～10名学徒配备1名企业导师和学校导师、每1～5名学徒配备1名企业岗位师傅。

(2) 校企双方共同开发满足学徒成长的学习资源，包括教材、课程体系、课程内容、多样化的课程资源等。

(3) 在教学方法上，结合成人学习原理和在岗培养的需要，突出"以学生为中心"，充分运用行动导向教学法、项目教学法。

在具体的课程教学上，公共基础课的教学要符合教育部有关教育教学的基本要求，按照培养学生基本科学文化素养、服务学生专业学习和终身发展的功能来定位。专业课程均建成校企双融合课程，由校企双导师联合授课，充分体现"岗位培养，工学交替，以学生为中心、做中学、学中做"的教学理念，充分利用现代教育技术和学生岗位工作条件，实施真实的项目化教学，结合岗位工作任务，开展岗位能力内容培训和业绩考核。集中讲授应以探究式学习形式为主，通过学习把岗位工作中遇到的共性问题形成系统化的知识体系和工作思维，突出培养学生解决和分析实际问题的能力。业务培训以着重提升学徒岗位工作胜任能力为主。工作现场教学以提升学徒工作效率为主。

4.8.2 教学组织形式

突出现代学徒制校企双主体、双场地、双导师育人的特点，以及教学组织形式的多样性、灵活性。

1. 两年制

第1学期为学徒适应期，以在校集中培养为主，公共基础课程采取校方授课，专业课程采取校企联合授课。

第2～4学期为学徒成长期、成熟期，采取以"在岗学习"为本位的双元培养，学生（徒）在做中"学"，校企双导师在学生（徒）做中"教"，校企双方联合培养学生（徒）的岗位胜任能力。通过校方导师集中授课，企业导师与师傅岗位帮教、岗位指导、企业培训以及校企课程资源平台学习，完成各项学习任务和岗位工作任务。具体的教学组织形式是：学徒每月集中返校上课1～3天，参加带薪的企业岗位培训和各项业务训练，每3个月参加一次校企生三方座谈会，完成校企课程资源平台的课程学习，完成相应的课程任务和岗位工作任务。校企导师共同评定学生（徒）的专业课程成绩。

2. 三年制

第1～2学期为学徒适应期，以在校集中培养为主，公共基础课程采取校方授课，专业课程采取校企联合授课。

第3～6学期为学徒成长期、成熟期，采取以"在岗学习"为本位的双元培养，学生（徒）在做中"学"，校企双导师、企业师傅在学生（徒）做中"教"，校企双方联合培养学生（徒）的岗位胜任能力。通过校方导师集中授课、企业导师与师傅岗位帮教、岗位指导、企业培训以及校企课程资源平台学习，完成各项学习任务和岗位工作任务。具体的教学组织形式是：学徒每月集中返校上课1～3天，参加带薪的企业岗位培训和各项业务训练，每3个月参加一次校企生三方座谈会，完成校企课程资源平台的课程学习，完成相应的课程任务和岗位工作任务。校企导师共同评定学生（徒）的专业课程成绩。

4.8.3 学业评价

现代学徒制的学业评价以任务考核、工作业绩考核为主，采取过程性考核和结果性考核相结合的考核评价方式，由校企专业教学团队和教学管理人员集体讨论制订具体的评价方案。

学业评价的内容包括学徒的知识掌握情况、实践操作技能、学习态度、基本职业素质、分析问题和解决问题的能力等方面。其中，公共基础课程采取笔试考核为主，专业技术技能课程由校企双导师采取任务考核为主，学徒岗位能力课程和专业拓展课程采取校企双导师业绩考核为主，参照行业企业岗位标准进行评价。毕业设计或毕业论文的选题必须源自学徒岗位工作遇到的问题，是基于工作岗位的问题分析。

4.8.4　教学管理

教学管理要具有一定的规范性和灵活性，能充分地保障教育教学的顺利开展。

（1）建立校企深度融合、共同实施人才培养的管理机制。根据现代学徒制生源特点，结合人才培养目标、行业企业发展和学生岗位培养情况，校企双方共同制订相应的人才培养方案、教学组织运行与管理方案和考核方案。探索适合现代零售行业企业发展的现代学徒制教学组织模式，使学生的学习目标更加明确，专业教学更具有针对性。

（2）建立教学管理组织协调系统，现代学徒制校企负责人牵头配合教务处、各二级学院对日常课程教学工作进行管理和监控，及时解决教学中出现的问题。

（3）建立规范的教学管理制度，包括专业调研、人才培养方案制订、专业研讨、课程研讨、学分认定、期初教学检查、期中教学检查、期末教学总结等环节的规范化、常规化。

（4）建立教学效果反馈系统。通过学生座谈会、学生评教、毕业生跟踪调研、督导评教等环节及时把握教学效果，并有针对性地改进。

4.8.5　质量监控

建立现代学徒制市场营销专业年审制度；建立学校内部质量保障机制，由企业管理人员和学校管理人员共同参与教育教学的过程及结果监控；建立外部质量监控机制，通过第三方评价，体现、促进育人质量；构建现代学徒制利益相关者质量评价体制，学徒、家长、举办方、学校、企业、社会等诸多利益相关者共同参与教育教学质量评价和监控。

第 5 章　现代学徒制高职市场营销专业课程标准

5.1　专业技术技能课程

5.1.1　市场营销实务课程标准(三年制)

1. 课程名称

市场营销实务。

2. 适用专业及面向岗位

适用于现代学徒制市场营销专业或现代学徒制工商企业管理专业、连锁经营管理专业。面向销售管理岗位。

3. 课程性质

本课程是现代学徒制市场营销专业技术技能课程，是培养现代学徒制学生从事营销工作岗位必备能力的一门课程。课程旨在使学徒在掌握市场营销基本知识、基本理论的基础上，切实掌握营销调查、市场定位、营销组合等实务的操作方法和技术，了解国内外行业企业市场营销的最新动态和最新理论，培养学徒在市场营销岗位工作中的实践操作能力，提高学生分析问题和解决问题的能力。这门课程在整个人才培养方案中与其他课程之间存在奠定基础、协同的关系，可为深入学习其他专业课程知识以及技能的应用提供一个良好的基础。

4. 课程设计

课程设计的总体思路：立足于商业企业营销工作实际，抽取在企业岗位工作中应用最为频繁的营销知识和技能，以实际工作岗位的营销技能作为教学内容，以营销人员处理业务的工作顺序来组织教学过程，以企业营销的实际状况为背景，结合实际的岗位工作进行训练。

5. 课程教学目标

1) 职业素养目标

(1) 具有发现问题、解决问题的能力和意识。

(2) 具有数字应用的能力。

(3) 具有沟通交流的技巧。

(4) 具有学习行业知识、产品知识、管理知识、市场新趋势的能力。

(5) 具有革新创新的意识。

(6)具有信息处理的能力。

(7)具有团队合作能力。

(8)具有组织能力。

(9)具有抗压能力。

2)专业能力目标

(1)能了解市场。

(2)能把握顾客需求。

(3)能制订市场定位策略。

(4)能制订营销组合策略。

(5)能编制营销计划。

6. 参考学时与学分

参考学时:72学时。

参考学分:4学分。

7. 课程结构

市场营销实务课程结构见表5-1。

表5-1 市场营销实务课程结构

序号	学习任务（单元、模块）	对接典型工作任务及职业能力要求	知识、技能、态度要求	教学活动设计	学时
1	了解市场	25-01-01 25-01-02 25-01-03	1. 能掌握市场调研方法 2. 能熟练使用调研工具 3. 能对调研结果进行分析	1. 市场调研分析 2. 小组现场调研 3. 小组任务方案制订 4. 小组任务方案汇报 5. 企业现场实践，校企导师现场指导	10
2	把握顾客需求	25-02-01 25-02-02 25-02-03	1. 能分析消费者观念 2. 能分析消费者购买欲望、动机、能力、方式、地点、时机 3. 能准确把握消费者行为	1. 顾客需求分析 2. 小组任务 3. 小组任务汇报 4. 企业现场实践，校企导师现场指导	12
3	制订市场定位策略	25-03-01 25-03-02 25-03-03 25-03-04	1. 能准确分析目标市场 2. 能进行市场细分分析 3. 能进行合理的市场选择 4. 能进行市场定位	1. 制订市场定位 2. 小组任务训练 3. 小组任务汇报 4. 企业现场实践，校企导师现场指导	20

续上表

序号	学习任务（单元、模块）	对接典型工作任务及职业能力要求	知识、技能、态度要求	教学活动设计	学时
4	制订营销组合策略	25－04－01 25－04－02 25－04－03 25－04－04	1. 能制订产品策略 2. 能制订价格策略 3. 能制订渠道策略 4. 能指导促销策略	1. 营销组合策略制订 2. 小组任务 3. 小组任务汇报 4. 企业现场实践，校企导师现场指导	20
5	编制营销计划	25－05－01 25－05－02 25－05－03 25－05－04	1. 能进行营销现状分析 2. 能发现问题与机会 3. 能确定营销目标 4. 能运用营销策略，编写营销计划书	1. 编制营销计划 2. 小组任务 3. 小组任务汇报 4. 企业现场实践，校企导师现场指导	10
			合计		72

8. 资源开发与利用

1）教材的编写与使用

（1）教材是达到教学目标的工具，必须依据本课程标准编写教材。编写的教材应充分体现任务驱动、实践导向课程的设计思想。

（2）教材应按照商业企业市场营销的运作流程，将本专业职业活动分解成若干典型的工作项目，按完成工作项目的需要和岗位操作规程组织教材内容。

（3）教材应通俗易懂、图文并茂，应将商业企业市场营销的各项业务的运作程序以图解的方式直观地展现给学生，提高学生的学习兴趣，加深学生对市场营销的认识和理解。教材的表达必须精炼、准确、科学。

（4）教材内容应体现先进性、通用性、实用性，要与当前商业企业市场营销发展的进程同步，从而使教材更贴近本专业的发展和实际需要。

（5）教材中的活动设计内容要具体，要尽可能与商业企业市场营销活动相同，并在实训室环境下和企业现场具有可操作性。

2）数字化资源的开发与利用

（1）注重课程资源和现代化教学资源的开发和利用，这些资源有利于创设形象生动的工作情景，激发学生的学习兴趣，促进学生对知识的理解和掌握。同时，建议加强课程资源的开发，建立多媒体课程资源的数据库，实现多媒体资源的共享。

（2）不断完善教学课件质量，并加强教学指导书的建设，以增强教学指导的针对性和可操作性。

（3）完善网上教学资源，充分利用网络资源，优化教学手段，调动学生学习积极性，启发学生勤于思考、善于创造的能力。

（4）充分开发联合培养企业工作现场的视频资料，用于教学。

3）企业岗位培养资源的开发与利用

本课程以校企"双导师"联合讲授、企业现场观摩与实践的形式开展，需配备校企"双导师"，导师必须具备岗位带教的能力和水平。需开发和配备教师指导手册、学徒学习手册、岗位任务考核评价手册，同时需开发丰富的企业业务培训微课资源，便于学徒移动式、便利化学习。

9. 教学建议

本课程是专业基础课程，采取的教学方法应注重培养学生的专业能力、方法能力和社会能力。

总体教学方法是任务教学法。在教学组织方面，要注重创设工作情景，由教师根据教学要求营造和布置工作情景，然后组织学生进行课堂模拟，增加情景效果，争取创造真实的职业体验，养成职业素养，提高学生的岗位职业认识。学徒在"做中学"，校企双导师在学徒"做中教"，提高学徒的动手能力和解决问题的能力。

10. 课程实施条件

1）师资要求

本课程要求配备校企双导师。学校专业导师需要具备在合作企业半年以上的企业实践经验，具有本专业或相关专业硕士以上学历，拥有高等职业学校教师资格证，中级及以上职称，有高度的责任心，沟通协调能力强，熟悉企业营销岗位业务工作内容、工作职责和工作流程。企业导师（师傅）需要有在本企业两年以上的工作经验，熟悉企业营销岗位业务，有岗位带教的能力和水平，有高度的责任心和耐心。

2）教学条件

学校提供"理实一体化"的教学环境，配备多媒体设备、黑（白）板、课桌椅等教学设备。企业提供集中业务培训的培训室、学徒轮岗训练的营销岗位，有真实的营销管理业务供处理。

11. 教学评价

（1）本课程应充分体现现代学徒制高职教育教学的特点，采用阶段评价（过程性评价与目标评价相结合）与项目评价（理论与实践一体化）的评价模式。

（2）注重多元化评价，具体结合学徒到课率、课堂提问和小组讨论、学徒任务完成情况、现场实践、小组汇报等方面予以综合衡量评价。

（3）应注重学徒动手能力和实践中分析问题、解决问题能力的考核，对在学习和应用上有创新的学徒应予以特别激励。

（4）应注重培养学徒的发散思维和学习能力，对于思维敏捷、有独到的个人见解的学徒应予以特别鼓励。

（5）由校企双导师根据学徒的课程任务完成情况进行考核。其中校内导师评价占50%，主要考核学徒的学习态度、学习积极性、主动性、知识掌握情况；企业导师（师傅）评价占50%，主要考核学徒在岗位技能训练的表现和岗位任务完成情况。

12. 市场营销实务课程结构图

市场营销实务课程结构图如图5-1所示。

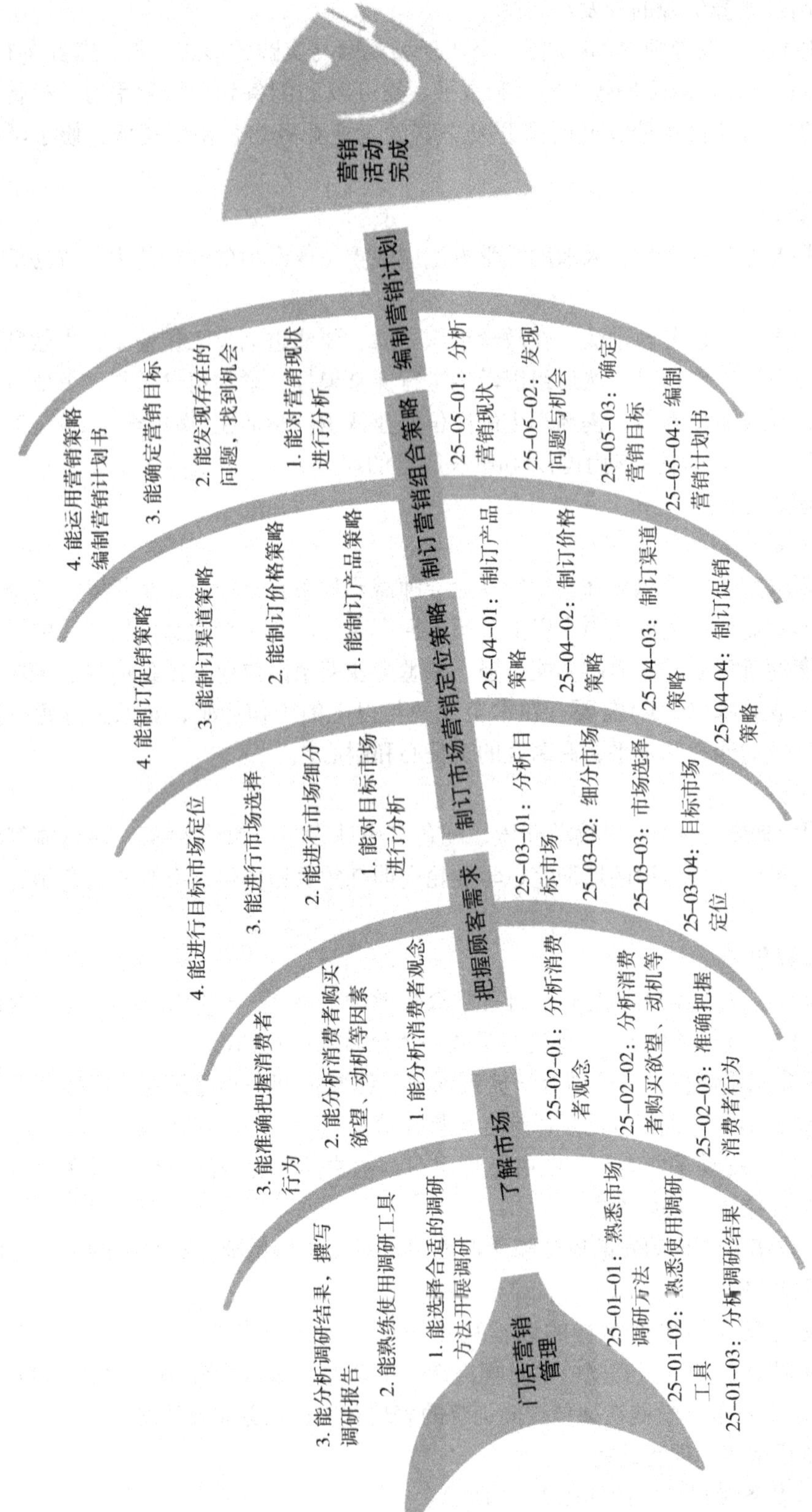

图5-1 市场营销实务课程结构图

营销活动完成

编制营销计划
- 4. 能运用营销策略编制营销计划书
- 3. 能确定营销目标
- 2. 能发现存在的问题，找到机会
- 1. 能对营销现状进行分析
  - 25-05-01：分析营销现状
  - 25-05-02：发现问题与机会
  - 25-05-03：确定营销目标
  - 25-05-04：编制营销计划书

制订营销组合策略
- 4. 能制订促销策略
- 3. 能制订渠道策略
- 2. 能制订价格策略
- 1. 能制订产品策略
  - 25-04-01：制订产品策略
  - 25-04-02：制订价格策略
  - 25-04-03：制订渠道策略
  - 25-04-04：制订促销策略

制订市场营销定位策略
- 4. 能进行目标市场定位
- 3. 能进行市场选择
- 2. 能进行市场细分
- 1. 能对目标市场进行分析
  - 25-03-01：分析目标市场
  - 25-03-02：细分市场
  - 25-03-03：市场选择
  - 25-03-04：目标市场定位

把握顾客需求
- 4. 能准确把握消费者行为
- 3. 能准确把握消费者欲望、动机等因素
- 2. 能分析消费者购买欲望、动机等因素
- 1. 能分析消费者观念
  - 25-02-01：分析消费者观念
  - 25-02-02：分析消费者购买欲望、动机等
  - 25-02-03：准确把握消费者行为

了解市场
- 3. 能分析调研结果，撰写调研报告
- 2. 能熟练使用调研工具
- 1. 能选择合适的调研方法开展调研
  - 25-01-01：熟悉市场调研方法
  - 25-01-02：熟悉使用调研工具
  - 25-01-03：分析调研结果

门店营销管理

5.1.2 市场调研课程标准(三年制)

1. 课程名称

市场调研。

2. 适用专业及面向岗位

适用于现代学徒制市场营销专业或现代学徒制工商企业管理专业、连锁经营管理专业。面向市场调研岗位。

3. 课程性质

本课程是现代学徒制市场营销专业技术技能课程,是培养现代学徒制学生从事营销调研工作岗位必备能力的一门课程。课程旨在培养学徒收集市场信息、分析信息、发现问题、解决问题的能力,为开展具体的营销活动提供必要的支持。这门课程在整个人才培养方案中与其他课程之间存在协同、互补的关系,可为其他专业课程知识和技能的深入学习和应用提供一个良好的基础。

4. 课程设计

课程设计的总体思路:立足于商业企业营销调研工作实际,抽取在企业岗位工作中应用最为频繁的营销调研知识和技能,以实际工作岗位的营销调研技能作为教学内容,以营销调研人员处理业务的工作顺序来组织教学过程,以企业营销调研的实际状况为背景,结合实际的岗位工作进行训练。

5. 课程教学目标

1)职业素养目标

(1)具有发现问题、解决问题的能力和意识。

(2)具有沟通交流的技巧。

(3)具有数字应用能力。

(4)具有信息处理能力。

(5)具有团队合作能力。

(6)具有不断创新的意识。

(7)具有组织能力。

2)专业能力目标

(1)能掌握调研方法。

(2)能熟练使用调研工具。

(3)能收集资料、信息,进行分析并撰写调研报告。

(4)能系统地根据主题设计调研方案。

(5)能制订、组织并实施调研执行计划方案。

(6)能够制订调研策划方案,进行全面调研,并全面系统地分析调研结果,在市场调研的基础上,提出创意,制订各类营销战略、策略及具体的行动方案。

（7）能开展促销调研。

（8）能开展商圈调研分析。

6. 参考学时与学分

参考学时：72学时。

参考学分：4学分。

7. 课程结构

市场调研课程结构见表5-2。

表5-2 市场调研课程结构

序号	学习任务 （单元、模块）	对接典型工作任务及 职业能力要求	知识、技能、态度要求	教学活动设计	学时
1	了解市场调研方法	25-01-01	1. 能掌握实地调研法 2. 能掌握文案调研法 3. 能掌握网上调研法	1. 市场调研方法 2. 案例分析 3. 小组任务 4. 小组任务汇报 5. 企业现场调研	12
2	熟练使用调研工具	25-01-02	1. 能掌握抽样调研技术 2. 能掌握问卷设计技术 3. 能使用态度测量技术	1. 市场调研工具 2. 案例分析 3. 小组任务 4. 小组任务汇报 5. 企业现场调研	14
3	分析调研结果	25-01-03	1. 能对调研数据进行整理 2. 能对调研数据进行分析 3. 能撰写市场调研报告	1. 调研结果分析 2. 案例分析 3. 小组任务 4. 小组任务汇报 5. 企业现场调研	14
4	促销调研	16-01-01	1. 能掌握促销调研方法的使用 2. 能掌握调研工具的应用 3. 能根据调研主题确定调研方案 4. 能实施促销调研 5. 能分析促销调研结果 6. 能撰写促销调研报告	1. 促销调研 2. 案例分析 3. 小组任务 4. 小组任务汇报 5. 企业现场调研	16

续上表

序号	学习任务（单元、模块）	对接典型工作任务及职业能力要求	知识、技能、态度要求	教学活动设计	学时
5	门店商圈调研	27-02	1. 能掌握调研方法的使用 2. 能掌握调研工具的应用 3. 能根据调研主题确定调研方案 4. 能实施商圈调研 5. 能分析商圈调研结果 6. 能撰写商圈调研报告	1. 门店商圈调研 2. 案例分析 3. 小组任务 4. 小组任务汇报 5. 企业现场调研	16
合计					72

8. 资源开发与利用

1）教材的编写与使用

（1）教材是达到教学目标的工具，必须依据本课程标准编写教材。编写的教材应充分体现任务驱动、实践导向课程的设计思想。

（2）教材应按照商业企业市场调研的运作流程，将本专业职业活动分解成若干典型的工作项目，按完成工作项目的需要和岗位操作规程组织教材内容。

（3）教材应通俗易懂、图文并茂，应将商业企业市场调研的各项业务的运作程序以图解的方式直观地展现给学生，提高学生的学习兴趣，加深学生对企业客户服务内容的认识和理解。教材的表达必须精炼、准确、科学。

（4）教材内容应体现先进性、通用性、实用性，要与当前商业企业市场调研发展的进程同步，从而使教材更贴近本专业的发展和实际需要。

（5）教材中的活动设计内容要具体，要尽可能与商业企业市场调研活动相同，并在实训室环境下和企业现场具有可操作性。

2）数字化资源的开发与利用

（1）注重课程资源和现代化教学资源的开发和利用，这些资源有利于创设形象生动的工作情景，激发学生的学习兴趣，促进学生对知识的理解和掌握。同时，建议加强课程资源的开发，建立多媒体课程资源的数据库，实现多媒体资源的共享。

（2）不断完善教学课件质量，并加强教学指导书的建设，以增强教学指导的针对性和可操作性。

（3）完善网上教学资源，充分利用网络资源，优化教学手段，调动学生学习积极性，启发学生勤于思考、善于创造的能力。

（4）充分开发联合培养企业工作现场的视频资料，用于教学。

3）企业岗位培养资源的开发与利用

本课程以校企双导师联合讲授、企业现场观摩与实践的形式开展，需配备校企双导师，导师必须具备岗位带教的能力和水平。需开发和配备教师指导手册、学徒学习手册、岗位任务考核评价手册，同时需开发丰富的企业业务培训微课资源，便于学徒移动式、便利化学习。

9. 教学建议

本课程是专业基础课程，采取的教学方法应注重培养学生的专业能力、方法能力和社会能力。

总体教学方法是任务教学法。在教学组织方面，要注重创设工作情景，由教师根据教学要求营造和布置工作情景，然后组织学生进行课堂模拟，增加情景效果，争取创造真实的职业体验，养成职业素养，提高学生的岗位职业认识。学徒在"做中学"，校企双导师在学徒"做中教"，提高学徒的动手能力和解决问题的能力。

10. 课程实施条件

1）师资要求

本课程要求配备校企双导师。学校专业导师需要具备在合作企业半年以上的企业实践经验，具有本专业或相关专业硕士以上学历，拥有高等职业学校教师资格证，中级及以上职称，有高度的责任心，沟通协调能力强，熟悉商业企业营销岗位业务工作内容、工作职责和工作流程。企业导师（师傅）需要有在本企业两年以上的工作经验，熟悉营销调研岗位业务，有岗位带教的能力和水平，有高度的责任心和耐心。

2）教学条件

学校提供"理实一体化"的教学环境，配备多媒体设备、黑（白）板、课桌椅等教学设备。企业提供集中业务培训的培训室，提供学徒轮岗训练的营销调研岗位，有真实的营销调研业务供处理。

11. 教学评价

（1）本课程应充分体现现代学徒制高职教育教学的特点，采用阶段评价（过程性评价与目标评价相结合）与项目评价（理论与实践一体化）的评价模式。

（2）注重多元化评价，具体结合学徒到课率、课堂提问和小组讨论、学徒任务完成情况、现场实践、小组汇报等方面予以综合衡量评价。

（3）应注重学徒动手能力和实践中分析问题、解决问题能力的考核，对在学习和应用上有创新的学徒应予以特别激励。

（4）应注重培养学徒的发散思维和学习能力，对于思维敏捷、有独到的个人见解的学徒应予以特别鼓励。

（5）由校企双导师根据学徒的课程任务完成情况进行考核。其中校内导师评价占50%，主要考核学徒的学习态度、学习积极性、主动性、知识掌握情况；企业导师（师傅）评价占50%，主要考核学徒在岗位技能训练的表现和岗位任务完成情况。

12. 市场调研课程结构图

市场调研课程结构图如图5-2所示。

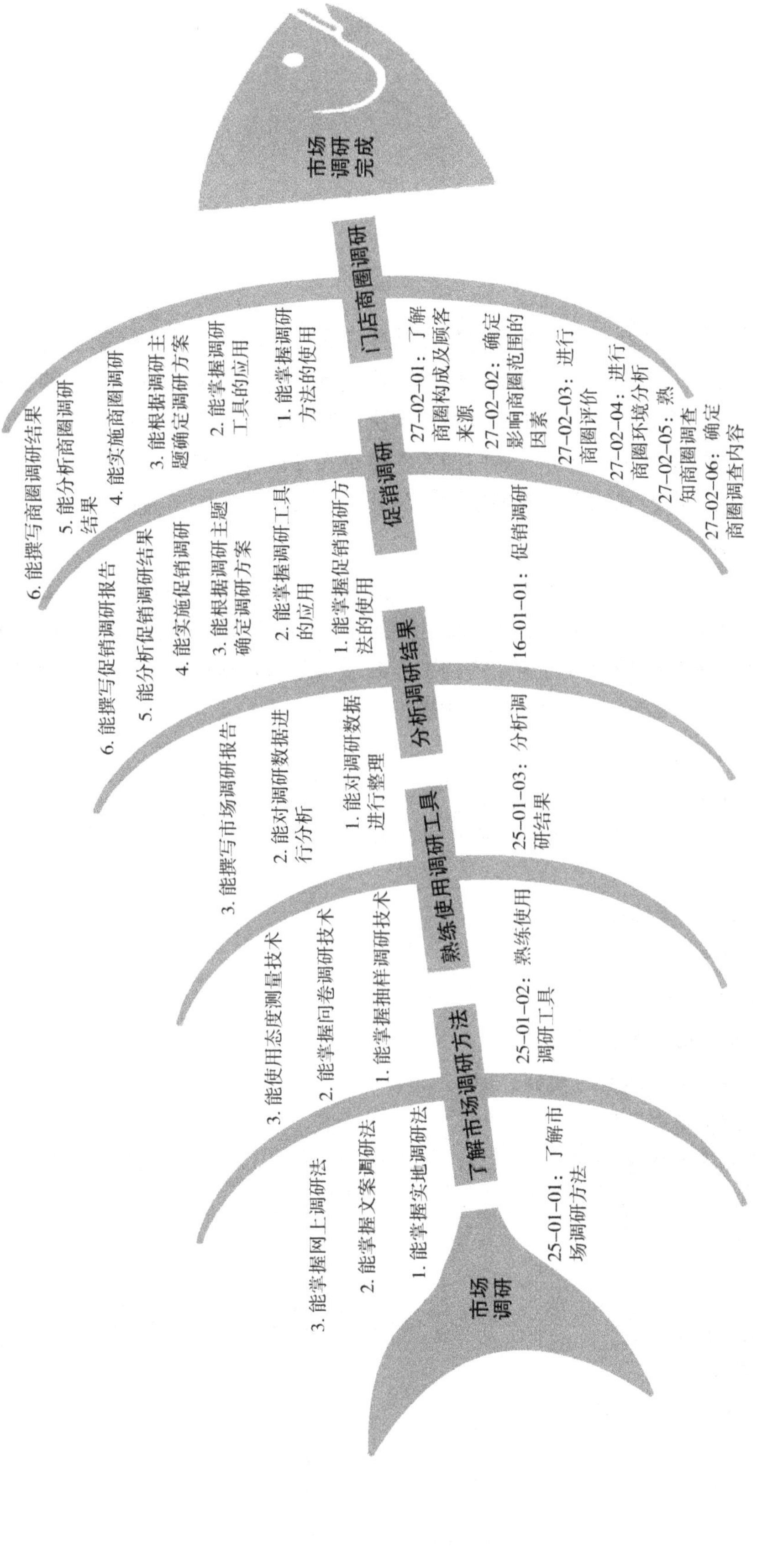

第5章 现代学徒制高职市场营销专业课程标准

图5-2 市场调研课程结构图

市场调研完成（鱼头）

门店商圈调研
1. 能掌握商圈调研方法的应用
2. 能掌握调研工具的使用
3. 能根据确定调研主题确定调研方案
4. 能实施商圈调研
5. 能分析商圈调研结果
6. 能撰写商圈调研报告

27-02-01：了解商圈构成及顾客来源
27-02-02：确定影响商圈范围的因素
27-02-03：进行商圈评价
27-02-04：进行商圈环境分析
27-02-05：熟知商圈调查
27-02-06：确定商圈调查内容

促销调研
1. 能掌握促销调研方法的应用
2. 能掌握促销调研工具的使用
3. 能根据促销调研主题确定调研方案
4. 能实施促销调研
5. 能分析促销调研结果
6. 能撰写促销调研报告

16-01-01：促销调研

分析调研结果
1. 能对调研数据进行整理
2. 能对调研数据进行分析
3. 能撰写市场调研分析报告

25-01-03：分析调研结果

熟练使用调研工具
1. 能掌握抽样调研技术
2. 能掌握问卷调研技术
3. 能使用态度测量技术

25-01-02：熟练使用调研工具

了解市场调研方法
1. 能掌握实地调研法
2. 能掌握文案调研法
3. 能掌握网上调研法

25-01-01：了解市场调研方法

市场调研（鱼尾）

5.1.3 消费行为分析课程标准(三年制)

1. 课程名称

消费行为分析。

2. 适用专业及面向岗位

适用于现代学徒制市场营销专业或现代学徒制工商企业管理专业、连锁经营管理专业。面向销售管理岗位。

3. 课程性质

本课程是现代学徒制市场营销专业技术技能课程,是培养现代学徒制学生从事营销工作岗位必备能力的一门课程。课程旨在使学生通过系统的学习和训练,掌握消费者行为分析的理论与技巧,培养和提高其正确分析和解决问题的能力,为日后从事营销管理等相关工作准备必要的知识和工作能力。这门课程在整个人才培养方案中与其他课程之间存在协同、互补的关系,可为其他专业课程知识和技能的深入学习和应用提供一个良好的基础。

4. 课程设计

课程设计的总体思路:立足于商业企业消费行为分析工作实际,抽取在企业岗位工作中应用最为频繁的消费行为分析的知识和技能,以实际工作岗位的工作技能作为教学内容,以岗位工作人员处理消费行为业务的工作顺序来组织教学过程,以企业消费行为分析的实际状况为背景,结合实际的岗位工作进行训练。

5. 课程教学目标

1)职业素养目标

(1)具有发现问题、解决问题的能力和意识。

(2)具有沟通交流的技巧。

(3)具有数字应用能力。

(4)具有信息处理能力。

2)专业能力目标

(1)能了解商圈消费群结构。

(2)能了解消费群消费习惯和心理。

(3)能了解消费群购买力。

(4)能分析消费者观念。

(5)能了解影响消费行为的因素。

6. 参考学时与学分

参考学时:72学时。

参考学分:4学分。

7. 课程结构

消费行为分析课程结构见表5-3。

表 5-3 消费行为分析课程结构

序号	学习任务（单元、模块）	对接典型工作任务及职业能力要求	知识、技能、态度要求	教学活动设计	学时
1	了解商圈消费群结构	08-03-01	能全面理解商圈消费群结构的概念	1. 企业现场讲解 2. 现场感受商圈消费群结构概况	4
2	了解消费群消费习惯	08-03-02	1. 能准确判断不同消费群体的消费习惯 2. 能根据消费群的消费习惯有针对性地开展营销工作	1. 不同消费群体消费习惯观察与判断 2. 现场演示、示范 3. 小组研讨、分析、汇报	4
3	了解消费群消费心理	08-03-03	1. 能准确分析消费群体的消费心理 2. 能根据消费群体消费心理采取有针对性的营销行为 3. 能在营销工作中以消费群的需求为中心开展工作	1. 不同消费群体消费心理观察与判断 2. 工作现场观摩 3. 案例分析 4. 小组研讨、分析、汇报	8
4	了解消费群购买力	08-03-04	1. 能初步判断消费群购买力 2. 能分析影响消费群购买力的因素 3. 能掌握消费群购买力的变动趋势	1. 消费群购买力分析 2. 情景教学 3. 现场观摩 4. 案例分析 5. 校企双导师门店岗位现场指导	12
5	分析消费者观念	25-02-01	1. 能了解不同的消费观念 2. 能正确把握不同消费观念的原因 3. 能准确把握不同消费者的消费观念 4. 能根据不同消费观念做出有针对性的营销方案	1. 消费者观念分析与把握 2. 情景教学 3. 现场观摩 4. 案例分析 5. 校企双导师门店岗位现场指导	12

续上表

序号	学习任务（单元、模块）	对接典型工作任务及职业能力要求	知识、技能、态度要求	教学活动设计	学时
6	分析消费者购买的影响因素	25-02-02	1. 能分析欲望、动机、能力、方式、地点、时机等对消费者购买行为的影响 2. 能分析影响消费者购买行为的相关因素及作用机制 3. 能识别消费者购买的影响因素，并做出有针对性的营销措施	1. 消费者购买影响因素分析 2. 情景教学 3. 现场观摩 4. 案例分析 5. 视频教学 6. 校企双导师门店岗位现场指导	16
7	准确把握消费者行为	25-02-03	1. 能识别和准确界定消费者行为的特征 2. 能根据消费者行为对不同消费者进行分类和管理 3. 能有效掌握应对消费者行为的营销技巧 4. 能制订可行的应对消费者行为的营销方案并实施	1. 把握消费者行为 2. 案例分析 3. 视频教学 4. 小组方案汇报 5. 校企双导师门店岗位现场指导	16
			合计		72

8. 资源开发与利用

1）教材的编写与使用

（1）教材是达到教学目标的工具，必须依据本课程标准编写教材。编写的教材应充分体现任务驱动、实践导向课程的设计思想。

（2）教材应按照商业企业消费行为分析的运作流程，将本专业职业活动分解成若干典型的工作项目，按完成工作项目的需要和岗位操作规程组织教材内容。

（3）教材应通俗易懂、图文并茂，应将商业企业消费行为分析的各项业务的运作程序以图解的方式直观地展现给学生，提高学生的学习兴趣，加深学生对消费行为分析内容的认识和理解。教材的表达必须精炼、准确、科学。

（4）教材内容应体现先进性、通用性、实用性，要与我国当前消费行为分析发展的进程同步，从而使教材更贴近本专业的发展和实际需要。

（5）教材中的活动设计内容要具体，要尽可能与商业企业消费行为分析活动相同，并在实训室环境下和企业现场具有可操作性。

2)数字化资源的开发与利用

(1)注重课程资源和现代化教学资源的开发和利用,这些资源有利于创设形象生动的工作情景,激发学生的学习兴趣,促进学生对知识的理解和掌握。同时,建议加强课程资源的开发,建立多媒体课程资源的数据库,实现多媒体资源的共享。

(2)不断完善教学课件质量,并加强教学指导书的建设,以增强教学指导的针对性和可操作性。

(3)完善网上教学资源,充分利用网络资源,优化教学手段,调动学生学习积极性,启发学生勤于思考、善于创造的能力。

(4)充分开发联合培养企业工作现场的视频资料,用于教学。

3)企业岗位培养资源的开发与利用

本课程以校企双导师联合讲授、企业现场观摩与实践的形式开展,需配备校企双导师,导师必须具备岗位带教的能力和水平。需开发和配备教师指导手册、学徒学习手册、岗位任务考核评价手册,同时需开发丰富的企业业务培训微课资源,便于学徒移动式、便利化学习。

9. 教学建议

本课程是专业基础课程,采取的教学方法注重培养学生的专业能力、方法能力和社会能力。

总体教学方法是任务教学法。在教学组织方面,要注重创设工作情景,由教师根据教学要求营造和布置工作情景,然后组织学生进行课堂模拟,增加情景效果,争取创造真实的职业体验,养成职业素养,提高学生的岗位职业认识。学徒在"做中学",校企双导师在学徒"做中教",提高学徒的动手能力和解决问题的能力。

10. 课程实施条件

1)师资要求

本课程要求配备校企双导师,学校专业导师需要具备在合作企业半年以上的企业实践经验,具有本专业或相关专业硕士以上学历,拥有高等职业学校教师资格证,中级及以上职称,有高度的责任心,沟通协调能力强,熟悉企业营销岗位业务工作内容、工作职责和工作流程。企业导师(师傅)需要有在本企业两年以上的工作经验,熟悉营销岗位业务,有岗位带教的能力和水平,有高度的责任心和耐心。

2)教学条件

学校提供"理实一体化"的教学环境,配备多媒体设备、黑(白)板、课桌椅等教学设备。企业提供集中业务培训的培训室,提供学徒轮岗训练的营销岗位,有真实的营销管理业务供处理。

11. 教学评价

(1)本课程应充分体现现代学徒制高职教育教学的特点,采用阶段评价(过程性评价与目标评价相结合)与项目评价(理论与实践一体化)的评价模式。

(2)注重多元化评价,具体结合学徒到课率、课堂提问和小组讨论、学徒任务完成情况、现场实践、小组汇报等方面予以综合衡量评价。

(3)应注重学生动手能力和实践中分析问题、解决问题能力的考核,对在学习和应用上有创新的学生应予以特别激励。

(4)应注重培养学生的发散思维和学习能力,对于思维敏捷、有独到的个人见解的学生应予以特别鼓励。

(5)由校企双导师根据学徒的课程任务完成情况进行考核。其中校内导师评价占50%,主要考核学徒的学习态度、学习积极性、主动性、知识掌握情况;企业导师(师傅)评价占50%,主要考核学徒在岗位技能训练的表现和岗位任务完成情况。

12. 消费行为分析课程结构图

消费行为分析课程结构图如图5-3所示。

5.1.4 推销实务课程标准(三年制)

1. 课程名称

推销实务。

2. 适用专业及面向岗位

适用于现代学徒制市场营销专业或现代学徒制工商企业管理专业、连锁经营管理专业。面向销售管理岗位。

3. 课程性质

本课程是现代学徒制市场营销专业技术技能课程,是培养现代学徒制学生从事营销工作岗位必备能力的一门课程。课程旨在使学生通过系统的学习和训练,掌握现代推销的理论与技巧,培养和提高其正确分析和解决问题的能力,为日后从事营销管理等相关工作准备必要的知识和工作能力。

4. 课程设计

课程设计的总体思路:立足于商业企业商品或服务推销工作实际,抽取在企业岗位工作中应用最为频繁的推销知识和技能,以实际工作岗位的推销技能作为教学内容,以推销人员处理业务的工作顺序来组织教学过程,以企业推销的实际状况为背景,结合实际的岗位工作进行训练。

5. 课程教学目标

1)职业素养目标

(1)具有发现问题、解决问题的能力和意识。

(2)具有责任意识。

(3)具有沟通交流的技巧。

(4)具有抗压能力。

(5)具有团队合作能力。

(6)具有不断创新的意识。

(7)具有组织能力。

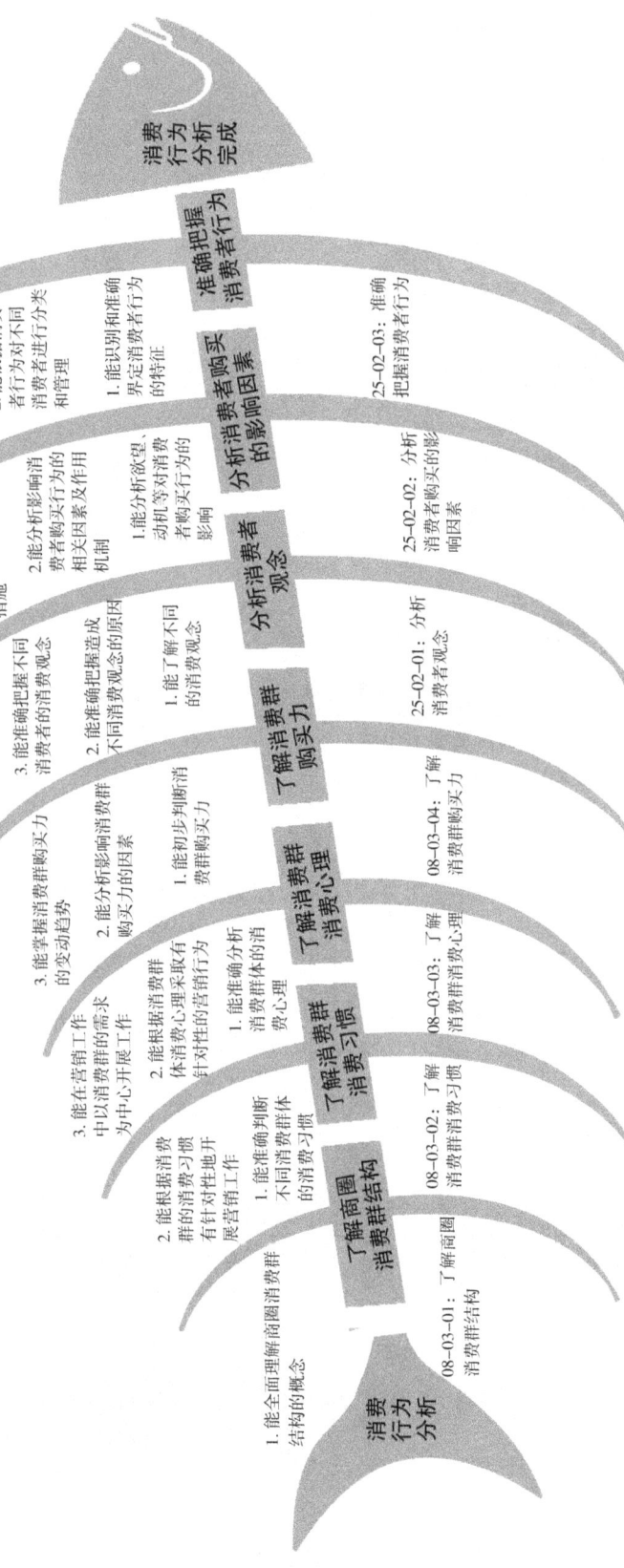

图5-3 消费行为分析课程结构图

(8)具有信息处理能力。

2)专业能力目标

(1)能掌握发现顾客的方法和技巧。

(2)能准确评估顾客。

(3)能学会倾听顾客。

(4)能有针对性地推介商品。

(5)能有效识别成交信号。

(6)能抓住成交机会。

(7)能合理运用成交方法。

(8)能说服顾客成交。

6. 参考学时与学分

参考学时:72学时。

参考学分:4学分。

7. 课程结构

推销实务课程结构见表5-4。

表5-4 推销实务课程结构

序号	学习任务 (单元、模块)	对接典型工作任务及 职业能力要求	知识、技能、态度要求	教学活动设计	学时
1	发现顾客	09-01	1. 能了解潜在顾客特征 2. 能熟悉发现顾客的渠道 3. 掌握判断顾客类型的特点	1. 发现顾客的方法 2. 小组任务 3. 小组任务汇报 4. 企业现场实践,校企导师现场指导	8
2	评估顾客	09-03	1. 能判断顾客的购买力 2. 能有效识别顾客需求 3. 能识别顾客的购买决策权	1. 评估顾客 2. 小组任务 3. 小组任务汇报 4. 企业现场实践,校企导师现场指导	8
3	学会倾听	10-01	1. 能了解顾客类型 2. 能了解顾客的真实需求与潜在需求 3. 能有针对性地推介 4. 能解答顾客的问题 5. 能打消顾客的疑虑	1. 倾听顾客 2. 情景教学 3. 现场观摩 4. 案例分析 5. 校企双导师企业岗位现场指导	6

续上表

序号	学习任务（单元、模块）	对接典型工作任务及职业能力要求	知识、技能、态度要求	教学活动设计	学时
4	推介商品	10-02	1. 能按照商品推介的流程介绍商品 2. 能熟悉商品推介原则 3. 能掌握商品推介的技巧 4. 会使用语言技巧 5. 能识别影响顾客购买的影响因素	1. 推介商品 2. 情景教学 3. 现场观摩 4. 案例分析 5. 校企双导师企业岗位现场指导	10
5	识别成交信号	12-01	1. 能识别顾客表情成交信号 2. 能识别顾客语言成交信号 3. 能识别顾客行为成交信号	1. 识别成交信号 2. 情景教学 3. 现场观摩 4. 案例分析 5. 视频教学 6. 校企双导师企业岗位现场指导	10
6	抓住成交机会	12-02	1. 能学会识别成交机会，反复尝试成交 2. 掌握征询顾客意见的方法	1. 抓住成交机会的方法 2. 案例分析 3. 视频教学 4. 模拟演练 5. 校企双导师企业岗位现场指导	10
7	运用成交方法	12-03	会运用成交方法，如请求成交法、假定成交法、选择成交法、次要问题成交法、优惠成交法等	1. 运用成交方法 2. 案例分析 3. 视频教学 4. 模拟演练 5. 校企双导师企业岗位现场指导	10
8	说服顾客成交	09-04	1. 能针对不同客户类型的要求有针对性地推销 2. 能给顾客留有选择空间和自由 3. 能掌握"临门一脚"成交法	1. 说服顾客 2. 现场示范、演示 3. 工作现场观摩 4. 案例分析 5. 校企双导师企业岗位现场指导	10
合计					72

8. 资源开发与利用

1）教材的编写与使用

（1）教材是达到教学目标的工具，必须依据本课程标准编写教材。编写的教材应充分体现任务驱动、实践导向课程的设计思想。

（2）教材应按照商业企业推销业务的运作流程，将本专业职业活动分解成若干典型的工作项目，按完成工作项目的需要和岗位操作规程组织教材内容。

（3）教材应通俗易懂、图文并茂，应将商业企业商品推销业务的运作程序以图解的方式直观地展现给学生，提高学生的学习兴趣，加深学生对企业客户服务内容的认识和理解。教材的表达必须精炼、准确、科学。

（4）教材内容应体现先进性、通用性、实用性，要与当前商业企业推销技巧发展的进程同步，从而使教材更贴近本专业的发展和实际需要。

（5）教材中的活动设计内容要具体，要尽可能与商业企业推销活动相同，并在实训室环境下和企业现场具有可操作性。

2）数字化资源开发与利用

（1）注重课程资源和现代化教学资源的开发和利用，这些资源有利于创设形象生动的工作情景，激发学生的学习兴趣，促进学生对知识的理解和掌握。同时，建议加强课程资源的开发，建立多媒体课程资源的数据库，实现多媒体资源的共享。

（2）不断完善教学课件质量，并加强教学指导书的建设，以增强教学指导的针对性和可操作性。

（3）完善网上教学资源，充分利用网络资源，优化教学手段，调动学生学习积极性，启发学生勤于思考、善于创造的能力。

（4）充分开发联合培养企业工作现场的视频资料，用于教学。

3）企业岗位培养资源的开发与利用

本课程以校企双导师联合讲授、企业现场观摩与实践的形式开展，需配备校企双导师，导师必须具备岗位带教的能力和水平。需开发和配备教师指导手册、学徒学习手册、岗位任务考核评价手册，同时需开发丰富的企业业务培训微课资源，便于学徒移动式、便利化学习。

9. 教学建议

本课程是专业基础课程，采取的教学方法应注重培养学生的专业能力、方法能力和社会能力。

总体教学方法是任务教学法。在教学组织方面，要注重创设工作情景，由教师根据教学要求营造和布置工作情景，然后组织学生进行课堂模拟，增加情景效果，争取创造真实的职业体验，养成职业素养，提高学生的岗位职业认识。学徒在"做中学"，校企双导师在学徒"做中教"，提高学徒的动手能力和解决问题的能力。

10. 课程实施条件

1）师资要求

本课程要求配备校企双导师。学校专业导师需要具备在合作企业半年以上的企业实践经验，具有本专业或相关专业硕士以上学历，拥有高等职业学校教师资格证，中级及以上职称，有高度的责任心，沟通协调能力强，熟悉企业营销岗位业务工作内容、工作职责和工作流程。企业导师（师傅）需要有在本企业两年以上的工作经验，熟悉营销岗位业务，有岗位带教的能力和水平，有高度的责任心和耐心。

2）教学条件

学校提供"理实一体化"的教学环境，配备多媒体设备、黑（白）板、课桌椅等教学设备。企业提供集中业务培训的培训室，提供学徒轮岗训练的营销岗位，有真实的营销管理业务供处理。

11. 教学评价

(1) 本课程应充分体现现代学徒制高职教育教学的特点，采用阶段评价（过程性评价与目标评价相结合）与项目评价（理论与实践一体化）的评价模式。

(2) 注重多元化评价，具体结合学徒到课率、课堂提问和小组讨论、学徒任务完成情况、现场实践、小组汇报等方面予以综合衡量评价。

(3) 应注重学徒动手能力和实践中分析问题、解决问题能力的考核，对在学习和应用上有创新的学徒应予以特别激励。

(4) 应注重培养学徒的发散思维和学习能力，对于思维敏捷、有独到的个人见解的学徒应予以特别鼓励。

(5) 由校企双导师根据学徒的课程任务完成情况进行考核。其中校内导师评价占50%，主要考核学徒的学习态度、学习积极性、主动性、知识掌握情况；企业导师（师傅）评价占50%，主要考核学徒在岗位技能训练的表现和岗位任务完成情况。

12. 达成交易任务结构图

达成交易任务结构图如图 5-4 所示。

5.1.5 客户服务与管理课程标准（三年制）

1. 课程名称

客户服务与管理。

2. 适用专业及面向岗位

适用于现代学徒制市场营销专业或现代学徒制工商企业管理专业、连锁经营管理专业。面向客户服务岗位。

3. 课程性质

本课程是现代学徒制市场营销专业技术技能课程，是培养现代学徒制学生从事客户服务和营销管理工作岗位必备能力的一门课程。课程旨在培养学徒在岗位工作中的客户服务意识，提高其客户沟通能力和客户服务水平。培养学徒在客户服务管理系统方面的实际应用能力，为从事客户服务管理工作或用客户服务的意识更好地辅助完成销售、管理、运营

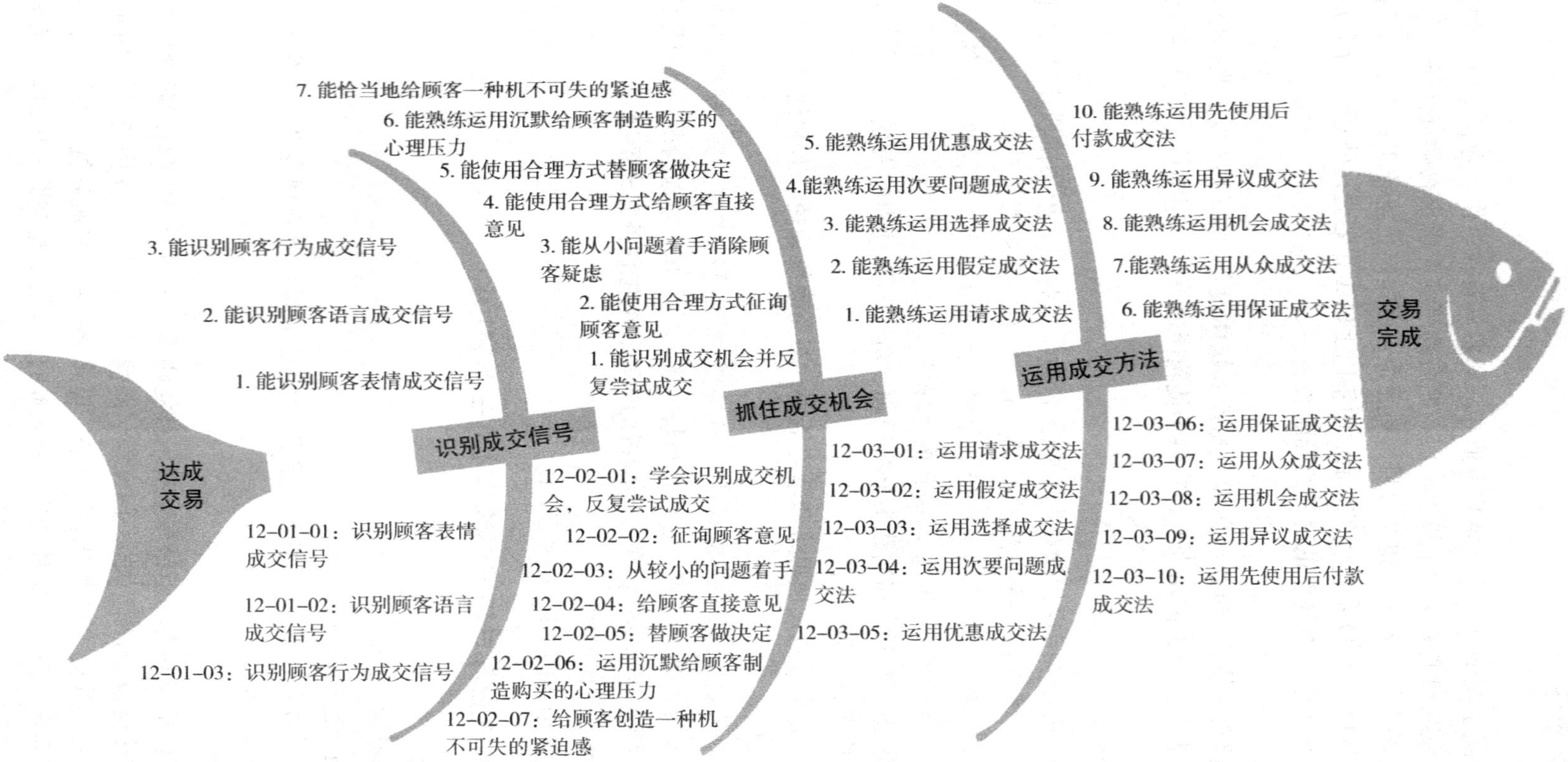

达成交易任务结构图（图5-4）

达成交易

识别成交信号
1. 能识别顾客行为成交信号
2. 能识别顾客语言成交信号
3. 能识别顾客表情成交信号

- 12-01-01：识别顾客行为成交信号
- 12-01-02：识别顾客语言成交信号
- 12-01-03：识别顾客表情成交信号

抓住成交机会
1. 能识别成交机会并反复尝试成交
2. 能使用合理方式征询顾客意见
3. 能从小问题着手消除顾客疑虑
4. 能使用合理方式给顾客直接意见
5. 能熟练运用沉默给顾客制造购买的决定
6. 能熟练运用沉默给顾客制造购买的心理压力
7. 能恰当地给顾客一种机不可失的紧迫感

- 12-02-01：学会识别成交机会，反复尝试成交
- 12-02-02：征询顾客意见
- 12-02-03：从较小的问题着手
- 12-02-04：给顾客直接意见
- 12-02-05：替顾客做决定
- 12-02-06：运用顾客的心理压力
- 12-02-07：给顾客创造一种机不可失的紧迫感

运用成交方法
1. 能熟练运用请求成交法
2. 能熟练运用假定成交法
3. 能熟练运用选择成交法
4. 能熟练运用次要问题成交法
5. 能熟练运用优惠成交法
6. 能熟练运用异议成交法
7. 能熟练运用从众成交法
8. 能熟练运用机会成交法
9. 能熟练运用异议成交法
10. 能熟练运用先使用后付款成交法

- 12-03-01：运用请求成交法
- 12-03-02：运用假定成交法
- 12-03-03：运用选择成交法
- 12-03-04：运用次要问题成交法
- 12-03-05：运用优惠成交法
- 12-03-06：运用保证成交法
- 12-03-07：运用从众成交法
- 12-03-08：运用机会成交法
- 12-03-09：运用异议成交法
- 12-03-10：运用先使用后付款成交法

交易完成

图5-4　达成交易任务结构图

等工作奠定坚实的基础。这门课程在整个人才培养方案中与其他课程之间存在协同、互补的关系，为其他专业课程知识和技能的深入学习和应用提供一个良好的平台。

4. 课程设计

课程设计的总体思路：立足于岗位工作实际，以客户服务的视角，把企业销售、管理、运营等岗位的工作流程进行梳理，融入客户服务的方法和理念，以保障更好地完成相应岗位工作。以实际工作岗位的客户服务技能作为教学内容，以客户服务人员处理业务的工作顺序来组织教学过程，以企业客户服务的实际状况为背景，结合实际的岗位工作训练。

5. 课程教学目标

1）职业素养目标

(1) 具有发现问题、解决问题的能力和意识。

(2) 具有责任意识。

(3) 具有沟通交流的技巧。

(4) 具有抗压能力。

(5) 具有团队合作能力。

(6) 具有沟通交流的技巧。

(7) 具有不断创新的意识。

(8) 具有组织能力。

(9) 具有数字应用能力。

(10) 具有信息处理能力。

2）专业能力目标

(1) 能熟知企业的服务理念。

(2) 能塑造职业的形象。

(3) 能运用服务礼仪。

(4) 能处理好顾客异议。

(5) 能处理好顾客投诉。

(6) 能进行门店服务管理。

(7) 能进行门店客源管理。

6. 参考学时与学分

参考学时：72学时。

参考学分：4学分。

7. 课程结构

客户服务与管理课程结构见表5-5。

表 5-5　客户服务与管理课程结构

序号	学习任务（单元、模块）	对接典型工作任务及职业能力要求	知识、技能、态度要求	教学活动设计	学时
1	熟知企业服务理念	01-02-05	能全面理解企业服务理念	1. 企业现场讲解 2. 现场感受企业服务理念	4
2	规范职业形象	04-01	1. 能正确穿戴工装、工帽等 2. 能按要求整理仪容仪表 3. 能提升主动服务意识	1. 职业形象塑造 2. 现场演示、示范	4
3	运用服务礼仪	04-02 09-02-01 09-02-02	1. 能正确使用服务语言 2. 能树立顾客是上帝的服务理念 3. 能在工作中以顾客的需求为中心 4. 能践行服务承诺 5. 能营造良好的第一印象 6. 能正确运用顾客接待礼仪	1. 运用服务礼仪 2. 现场示范、演示 3. 工作现场观摩 4. 案例分析	8
4	处理顾客异议	11-01 11-02 11-03-01 11-03-02 11-03-03 11-03-04	1. 能判断顾客异议的原因 2. 能熟练运用顾客异议处理的方法 3. 能掌握顾客异议处理的步骤	1. 顾客异议分析与处理 2. 情景教学 3. 现场观摩 4. 案例分析 5. 校企双导师企业岗位现场指导	12
5	处理顾客投诉	06-01-08 22-01-02 23-04	1. 能快速妥善处理顾客投诉 2. 能制订客户投诉处理流程 3. 能落实流程执行力度 4. 能填写投诉处理报告 5. 能提出改善措施	1. 顾客投诉处理 2. 情景教学 3. 现场观摩 4. 案例分析 5. 校企双导师企业岗位现场指导	12

续上表

序号	学习任务（单元、模块）	对接典型工作任务及职业能力要求	知识、技能、态度要求	教学活动设计	学时
6	门店服务管理	22-01-03 23-01 23-02 23-03	1. 能做好门店周围社区的各项协调工作 2. 能领会顾客服务管理的相关知识 3. 能把握顾客服务指标 4. 能分析及处理投诉个案 5. 能制订售前、售中、售后的顾客服务管理规范 6. 能进行客户服务质量跟踪 7. 能进行门店服务现场管理 8. 能进行规范的门店服务流程管理	1. 门店服务管理 2. 情景教学 3. 现场观摩 4. 案例分析 5. 视频教学 6. 校企双导师企业岗位现场指导	16
7	管理门店客源	24-01 24-02 24-03 24-04 24-05	1. 能掌握客户档案建立及完善的方法 2. 能进行新客户开发 3. 能掌握提高客户满意度的技巧 4. 能把握提高顾客忠诚的技巧 5. 能挽回流失顾客	1. 门店客源管理 2. 案例分析 3. 视频教学 4. 小组方案汇报 5. 校企双导师企业岗位现场指导	16
			合计		72

8. 资源开发与利用

1）教材的编写与使用

（1）教材是达到教学目标的工具，必须依据本课程标准编写教材。编写的教材应充分体现任务驱动、实践导向课程的设计思想。

（2）教材应按照商业企业客户服务管理的运作流程，将本专业职业活动分解成若干典型的工作项目，按完成工作项目的需要和岗位操作规程组织教材内容。

（3）教材应通俗易懂、图文并茂，应将商业企业客户服务管理的各项业务的运作程序以图解的方式直观地展现给学生，提高学生的学习兴趣，加深学生对企业客户服务内容的认识和理解。教材的表达必须精炼、准确、科学。

（4）教材内容应体现先进性、通用性、实用性，要与我国当前客户服务管理发展的进程同步，从而使教材更贴近本专业的发展和实际需要。

（5）教材中的活动设计内容要具体，要尽可能与商业企业客户服务管理活动相同，并在实训室环境下和企业现场具有可操作性。

2）数字化资源的开发与利用

（1）注重课程资源和现代化教学资源的开发和利用，这些资源有利于创设形象生动的工作情景，激发学生的学习兴趣，促进学生对知识的理解和掌握。同时，建议加强课程资源的开发，建立多媒体课程资源的数据库，实现多媒体资源的共享。

（2）不断完善教学课件质量，并加强教学指导书的建设，以增强教学指导的针对性和可操作性。

（3）在建设现有校内实训室的基础上，购进客户关系管理（CRM）的软件，以培养学生的实训操作能力。

（4）完善网上教学资源，充分利用网络资源，优化教学手段，调动学生学习积极性，启发学生勤于思考、善于创造的能力。

（5）充分开发联合培养企业工作现场的视频资料，用于教学。

3）企业岗位培养资源的开发与利用

本课程以校企双导师联合讲授、企业现场观摩与实践的形式开展，需配备校企双导师，导师必须具备岗位带教的能力和水平。需开发和配备教师指导手册、学徒学习手册、岗位任务考核评价手册，同时需开发丰富的企业业务培训微课资源，便于学徒移动式、便利化学习。

9. 教学建议

本课程是专业基础课程，采取的教学方法应注重培养学生的专业能力、方法能力和社会能力。

总体教学方法是任务教学法。在教学组织方面，要注重创设工作情景，由教师根据教学要求营造和布置工作情景，然后组织学生进行课堂模拟，增加情景效果，争取创造真实的职业体验，养成职业素养，提高学生的岗位职业认识。学徒在"做中学"，校企双导师在学徒"做中教"，提高学徒的动手能力和解决问题的能力。

10. 课程实施条件

1）师资要求

本课程要求配备校企双导师。学校专业导师需要具备在合作企业半年以上的企业实践经验，具有本专业或相关专业硕士以上学历，拥有高等职业学校教师资格证，中级及以上职称，有高度的责任心，沟通协调能力强，熟悉企业客户服务或营销岗位业务工作内容、工作职责和工作流程。企业导师（师傅）需要有在本企业两年以上的工作经验，熟悉企业客户服务或营销岗位业务，有岗位带教的能力和水平，有高度的责任心和耐心。

2）教学条件

学校提供"理实一体化"的教学环境，配备多媒体设备、黑（白）板、课桌椅等教学设备。企业提供集中业务培训的培训室，提供学徒轮岗训练的客户服务或营销岗位，有真实的客户服务或营销管理业务供处理。

11. 教学评价

(1)本课程应充分体现现代学徒制高职教育教学的特点,采用阶段评价(过程性评价与目标评价相结合)与项目评价(理论与实践一体化)的评价模式。

(2)注重多元化评价,具体结合学徒到课率、课堂提问和小组讨论、学徒任务完成情况、现场实践、小组汇报等方面予以综合衡量评价。

(3)应注重学生动手能力和实践中分析问题、解决问题能力的考核,对在学习和应用上有创新的学生应予以特别激励。

(4)应注重培养学生的发散思维和学习能力,对于思维敏捷、有独到的个人见解的学生应予以特别鼓励。

(5)由校企双导师根据学徒的课程任务完成情况进行考核。其中校内导师评价占50%,主要考核学徒的学习态度、学习积极性、主动性、知识掌握情况;企业导师(师傅)评价占50%,主要考核学徒在岗位技能训练的表现和岗位任务完成情况。

12. 处理顾客异议任务结构图

处理顾客异议任务结构图如图5-5所示。

5.1.6 营销策划课程标准(三年制)

1. 课程名称

营销策划。

2. 适用专业及面向岗位

适用于现代学徒制市场营销专业或现代学徒制工商企业管理专业、连锁经营管理专业。面向营销策划岗位。

3. 课程性质

本课程是现代学徒制市场营销专业技术技能课程,是培养现代学徒制学生从事营销工作岗位必备能力的一门课程。课程旨在使学生通过系统的学习和训练,掌握营销策划的理论与技巧,培养和提高其正确分析和解决问题的能力,为日后从事营销策划等相关工作准备必要的知识和工作能力。

4. 课程设计

课程设计的总体思路:立足于商业企业营销策划工作实际,抽取在企业营销策划岗位工作中应用最为频繁的营销策划知识和技能,以实际工作岗位的营销策划技能作为教学内容,以营销策划人员处理业务的工作顺序来组织教学过程,以企业营销策划的实际状况为背景,结合实际的岗位工作进行训练。

5. 课程教学目标

1)职业素养目标

(1)具有发现问题、解决问题的能力和意识。

(2)具有较好的方案制订、汇报、执行、总结能力。

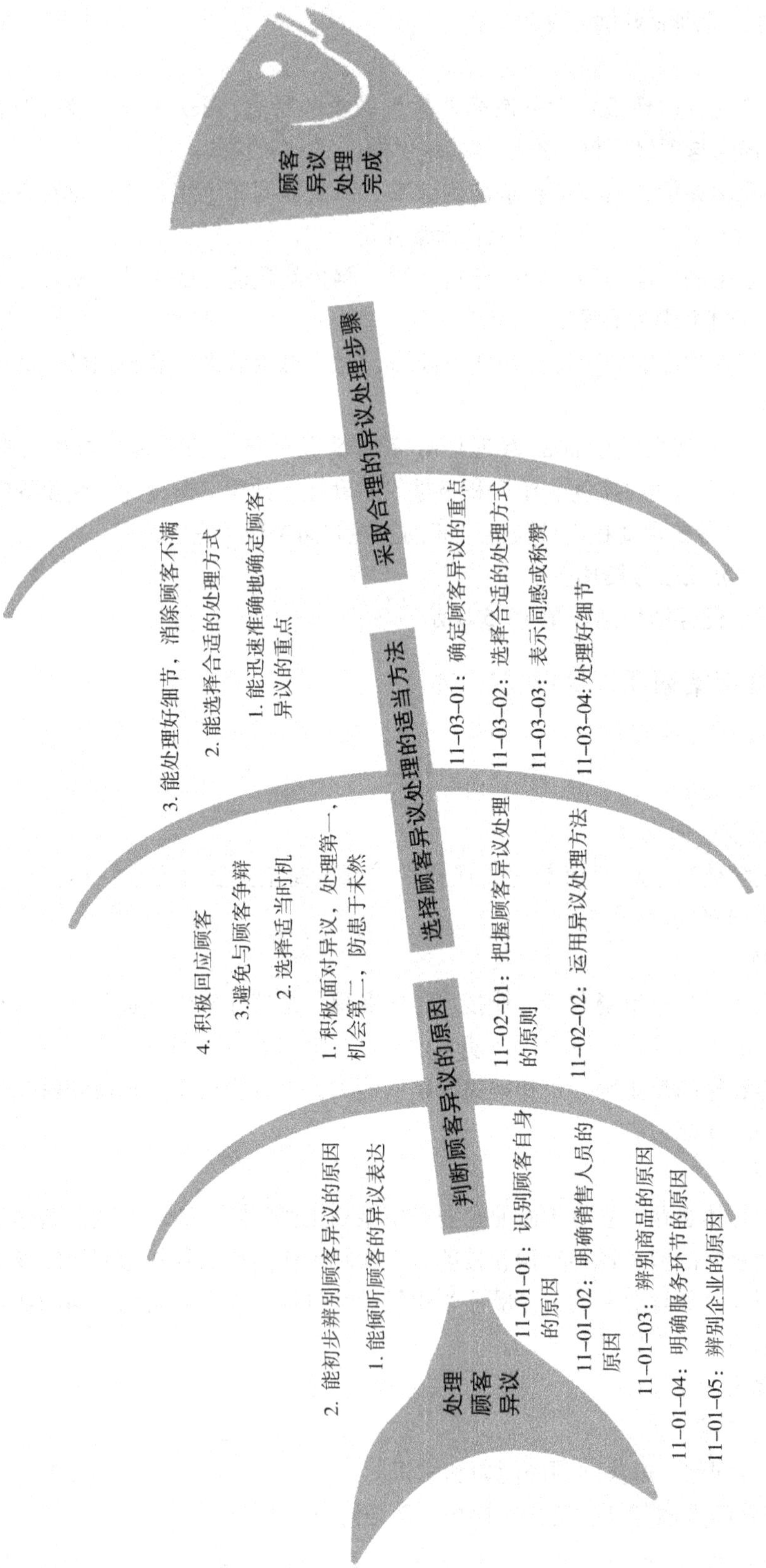

处理顾客异议

判断顾客异议的原因
- 11-01-01：识别顾客自身的原因
- 11-01-02：明确销售人员的原因
- 11-01-03：辨别商品的原因
- 11-01-04：明确服务环节的原因
- 11-01-05：辨别企业的原因

1. 能倾听顾客的异议表达
2. 能初步辨别顾客异议的原因

选择顾客异议处理的适当方法
- 11-02-01：把握顾客异议处理的原则
- 11-02-02：运用异议处理方法

1. 积极面对异议，处理第一、机会第二，防患于未然
2. 选择适当时机
3. 避免与顾客争辩
4. 积极回应顾客

采取合理的异议处理步骤
- 11-03-01：确定顾客异议的重点
- 11-03-02：选择合适的处理方式
- 11-03-03：表示同感或称赞
- 11-03-04：处理好细节

1. 能迅速准确地确定顾客异议的重点
2. 能选择合适的处理方式
3. 能处理好细节，消除顾客不满

顾客异议处理完成

图5-5 处理顾客异议任务结构图

(3)具有沟通交流的技巧。
(4)具有革新创新的意识和能力。
(5)具有信息处理能力。
(6)具有数字应用能力。
(7)具有团队合作能力。
(8)具有组织能力。
2)专业能力目标
(1)能进行门店营销调研。
(2)能开展门店布局策划。
(3)能进行门店商品组合策划。
(4)能进行门店价格策划。
(5)能进行门店渠道拓展策划。
(6)能进行门店促销策划。

6. 参考学时与学分

参考学时：72 学时。

参考学分：4 学分。

7. 课程结构

营销策划课程结构见表 5-6。

表 5-6 营销策划课程结构

序号	学习任务（单元、模块）	对接典型工作任务及职业能力要求	知识、技能、态度要求	教学活动设计	学时
1	进行门店营销调研策划	08-01 08-02 08-03 08-04	1. 能全面了解商品 2. 能了解营销重点 3. 能调研消费群特征 4. 能熟悉竞争环境	1. 了解营销调研策划 2. 案例分析 3. 小组任务 4. 企业现场调研	12
2	进行门店布局策划	18-01-01 18-01-02 18-01-03 18-01-04 18-01-05 18-01-06	1. 能根据门店位置的优劣进行布局策划 2. 能根据商品性质进行布局策划 3. 能根据磁石点进行布局策划 4. 能根据顾客的购买顺序与购买频率进行布局策划 5. 能根据顾客的其他新因素进行布局策划	1. 门店布局策划 2. 小组现场调研 3. 小组任务方案制订 4. 小组任务方案汇报 5. 企业现场实践，校企导师现场指导	12

续上表

序号	学习任务（单元、模块）	对接典型工作任务及职业能力要求	知识、技能、态度要求	教学活动设计	学时
3	进行门店商品组合策划	19-01 19-02	1. 能了解商品品类的相关概念 2. 能设计商品结构的宽度和深度 3. 能设计商品结构层级 4. 能辨别影响商品组合的因素 5. 能策划适合门店的商品组织结构 6. 能定位商品结构的价格带 7. 能策划商品结构的品牌组合	1. 门店商品组合策划 2. 小组现场调研 3. 小组任务方案制订 4. 小组任务方案汇报 5. 企业现场实践，校企导师现场指导	12
4	进行门店价格策划	19-05-01 19-05-02 19-05-03 19-05-04 19-05-05	1. 能制订商品价格策略 2. 能有效选择商品定价方法 3. 能识别影响商品定价的因素 4. 能根据情况进一步优化商品价格 5. 能实时调整促销商品价格	1. 门店价格策划 2. 小组现场调研 3. 小组任务方案制订 4. 小组任务方案汇报 5. 企业现场实践，校企导师现场指导	12
5	进行渠道策划	20-04-01 20-04-02 20-04-03	1. 能策划业务拓展方案 2. 能借助信息技术开辟新销售渠道	1. 渠道策划 2. 小组现场调研 3. 小组任务方案制订 4. 小组任务方案汇报 5. 企业现场实践，校企导师现场指导	12
6	进行门店促销策划	16-01-01 16-01-02	1. 能制订促销调研 2. 能进行促销广告策划 3. 能进行营业推广策划 4. 能制订人员推销策划 5. 能制订公共关系策划	1. 制订促销策划方案 2. 案例分析 3. 小组企业现场调研 4. 小组方案制订 5. 小组方案汇报 6. 校企双导师企业岗位现场指导	12
合计					72

8. 资源开发与利用

1）教材的编写与使用

（1）教材是达到教学目标的工具，必须依据本课程标准编写教材。编写的教材应充分体现任务驱动、实践导向课程的设计思想。

（2）教材应按照商业企业营销策划的运作流程，将本专业职业活动分解成若干典型的工作项目，按完成工作项目的需要和岗位操作规程组织教材内容。

（3）教材应通俗易懂、图文并茂，应将商业企业营销策划的各项业务的运作程序以图解的方式直观地展现给学生，提高学生的学习兴趣，加深学生对企业客户服务内容的认识和理解。教材的表达必须精炼、准确、科学。

（4）教材内容应体现先进性、通用性、实用性，要与当前商业企业营销策划发展的进程同步，从而使教材更贴近本专业的发展和实际需要。

（5）教材中的活动设计内容要具体，要尽可能与商业企业营销策划活动相同，并在实训室环境下和企业现场具有可操作性。

2）数字化资源的开发与利用

（1）注重课程资源和现代化教学资源的开发和利用，这些资源有利于创设形象生动的工作情景，激发学生的学习兴趣，促进学生对知识的理解和掌握。同时，建议加强课程资源的开发，建立多媒体课程资源的数据库，实现多媒体资源的共享。

（2）不断完善教学课件质量，并加强教学指导书的建设，以增强教学指导的针对性和可操作性。

（3）完善网上教学资源，充分利用网络资源，优化教学手段，调动学生学习积极性，启发学生勤于思考、善于创造的能力。

（4）充分开发联合培养企业工作现场的视频资料，用于教学。

3）企业岗位培养资源的开发与利用

本课程以校企双导师联合讲授、企业现场观摩与实践的形式开展，需配备校企双导师，导师必须具备岗位带教的能力和水平。需开发和配备教师指导手册、学徒学习手册、岗位任务考核评价手册，同时需开发丰富的企业业务培训微课资源，便于学徒移动式、便利化学习。

9. 教学建议

本课程是专业基础课程，采取的教学方法应注重培养学生的专业能力、方法能力和社会能力。

总体教学方法是任务教学法。在教学组织方面，要注重创设工作情景，由教师根据教学要求营造和布置工作情景，然后组织学生进行课堂模拟，增加情景效果，争取创造真实的职业体验，养成职业素养，提高学生的岗位职业认识。学徒在"做中学"，校企双导师在学徒"做中教"，提高学徒的动手能力和解决问题的能力。

10. 课程实施条件

1) 师资要求

本课程要求配备校企双导师。学校专业导师需要具备在合作企业半年以上的企业实践经验，具有本专业或相关专业硕士以上学历，拥有高等职业学校教师资格证，中级及以上职称，有高度的责任心，沟通协调能力强，熟悉企业营销策划岗位业务工作内容、工作职责和工作流程。企业导师（师傅）需要有在本企业两年以上的工作经验，熟悉营销策划岗位业务，有岗位带教的能力和水平，有高度的责任心和耐心。

2) 教学条件

学校提供"理实一体化"的教学环境，配备多媒体设备、黑（白）板、课桌椅等教学设备。企业提供集中业务培训的培训室，提供学徒轮岗训练的营销策划岗位，有真实的营销策划业务供处理。

11. 教学评价

（1）本课程应充分体现现代学徒制高职教育教学的特点，采用阶段评价（过程性评价与目标评价相结合）与项目评价（理论与实践一体化）的评价模式。

（2）注重多元化评价，具体结合学徒到课率、课堂提问和小组讨论、学徒任务完成情况、现场实践、小组汇报等方面予以综合衡量评价。

（3）应注重学徒动手能力和实践中分析问题、解决问题能力的考核，对在学习和应用上有创新的学徒应予以特别激励。

（4）应注重培养学徒的发散思维和学习能力，对于思维敏捷、有独到的个人见解的学徒应予以特别鼓励。

（5）由校企双导师根据学徒的课程任务完成情况进行考核。其中校内导师评价占50%，主要考核学徒的学习态度、学习积极性、主动性、知识掌握情况；企业导师（师傅）评价占50%，主要考核学徒在岗位技能训练的表现和岗位任务完成情况。

12. 商业连锁门店营销策划任务结构图

商业连锁门店营销策划任务结构图如图5-6所示。

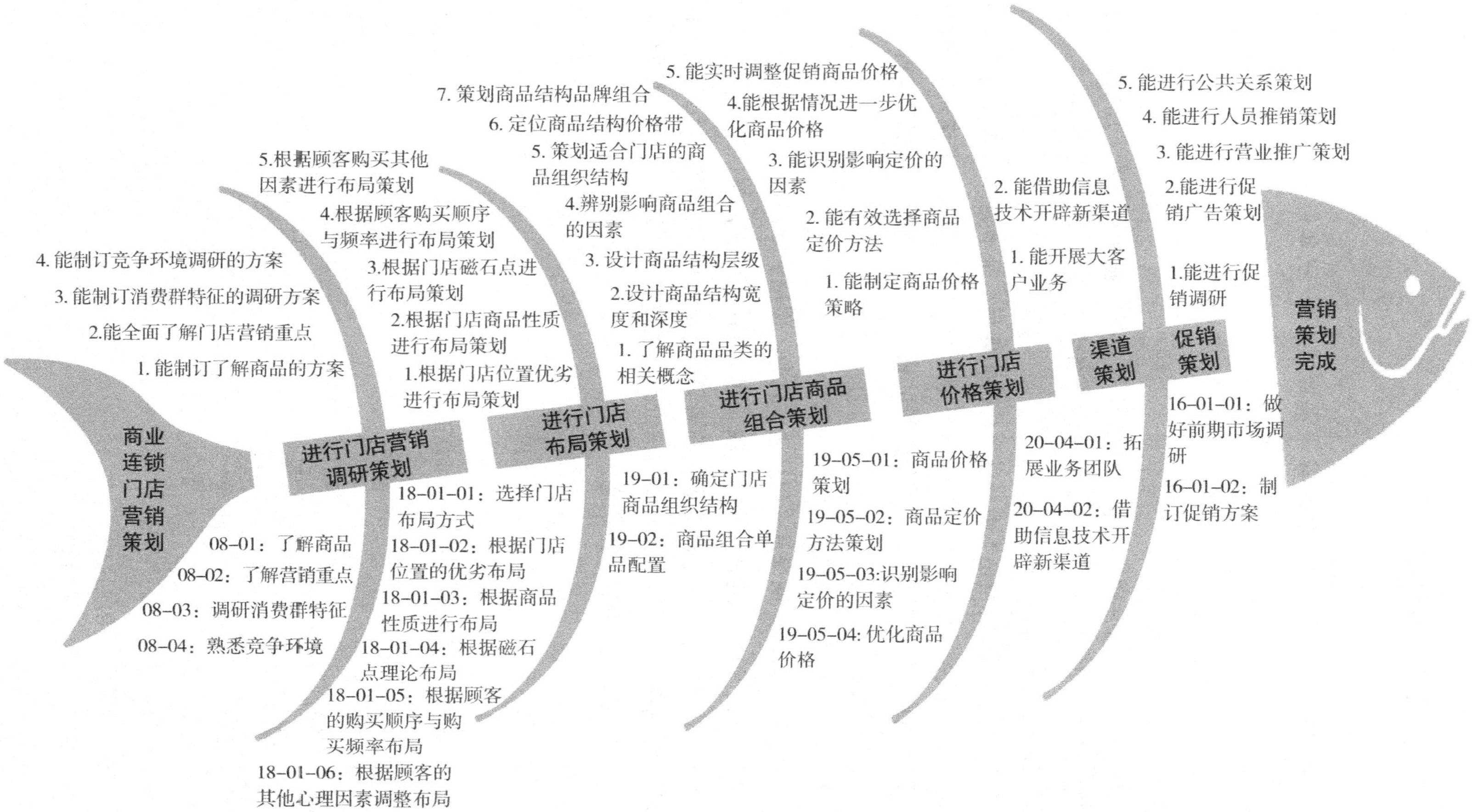

第5章 现代学徒制高职市场营销专业课程标准

商业连锁门店营销策划

进行门店营销调研策划

1. 能制订了解门店营销的重点
2. 能全面了解门店营销的重点
3. 能制订消费群特征的调研方案
4. 能制订竞争环境调研的方案
5. 根据因素进行方案

- 08-01：了解商品
- 08-02：了解营销重点
- 08-03：调研消费群特征
- 08-04：熟悉竞争环境

进行门店布局策划

1. 根据门店布局策划相关概念
2. 根据门店商品磁石点进行布局策划
3. 根据顾客购买顺序进行布局策划
4. 根据顾客购买其他行为布局策划

- 18-01-01：选择门店布局方式
- 18-01-02：根据门店位置的优劣进行布局
- 18-01-03：根据门店商品性质进行布局
- 18-01-04：根据顾客磁石点理论布局
- 18-01-05：根据顾客的购买顺序与频率布局
- 18-01-06：根据顾客的其他心理因素调整布局

进行门店商品组合策划

1. 了解商品类的相关概念
2. 设计商品结构宽度和深度
3. 辨别影响商品结构的因素
4. 策划适合门店的商品组织结构
5. 定位商品结构价格带
6. 策划商品结构品牌组合

- 19-01：确定门店商品组织结构
- 19-02：商品组合单品配置

进行门店商品价格策划

1. 能制定商品价格策略
2. 能有效选择商品定价方法
3. 能识别影响商品价格的因素
4. 能根据情况进一步优化商品价格
5. 能实时调整促销商品价格

- 19-05-01：商品定价策划
- 19-05-02：商品定价方法策划
- 19-05-03：识别影响定价的因素
- 19-05-04：优化商品价格

渠道策划

1. 能开展大客户业务
2. 能借助信息技术开辟新渠道

- 20-04-01：拓展业务团队
- 20-04-02：借助信息技术开辟新渠道

促销策划

1. 能进行促销调研
2. 能进行营业推广策划
3. 能进行行业推广策划
4. 能进行人员推销策划
5. 能进行公共关系策划

- 16-01-01：做好前期市场调研
- 16-01-02：制订促销方案

营销策划完成

图5-6 商业连锁门店营销策划任务结构图

5.2 学徒岗位能力课程

5.2.1 行业企业认知与岗前辅导课程标准(两/三年制)

1. 课程名称

行业企业认知与岗前辅导。

2. 适用专业及面向岗位

适用于现代学徒制市场营销专业或现代学徒制工商企业管理专业、连锁经营管理专业。面向销售、客服、市场调研及营销策划等学徒岗位。

3. 课程性质

本课程是现代学徒制市场营销专业学徒岗位能力课程,是学徒即将进入岗位学习时的一门前置课程。主要任务是使学徒了解零售行业企业的基本知识,了解岗位的角色定位,了解工作环境等信息。学徒通过在企业工作现场的感受,能更直观、全面地获得即将到来的在岗学习的相关信息。

4. 课程设计

课程设计的总体思路:本课程是一门行业、企业、岗位认知课程。课程组专任教师深入联合培养企业,通过观摩、调研、挂职实践锻炼、访谈门店店长与企业高管,与行业企业课程开发人员反复研讨,立足于高职教育的高等性、职业性、教育性,结合企业门店店长岗位工作的真实需要,解答即将进入学徒岗位的学生的各类问题,通过课程的学习可以帮助学徒顺利地进入在岗培养的工作状态。

5. 课程教学目标

1)职业素养目标

(1)具有清晰的个人职业规划。

(2)具有发现问题、解决问题的能力和意识。

(3)具有沟通交流的技巧。

(4)具有自我管理能力。

(5)具有不断创新的意识。

(6)具有责任意识。

(7)具有抗压能力。

2)专业能力目标

(1)能认知行业企业。

(2)能了解不同岗位的角色定位。

(3)能熟悉不同岗位的工作内容。

(4)能熟悉工作环境。

(5)能塑造职业形象。

6. 参考学时与学分

参考学时：72 学时。

参考学分：4 学分。

7. 课程结构

行业企业认知与岗前辅导课程结构见表 5-7。

表 5-7　行业企业认知与岗前辅导课程结构

序号	学习任务（单元、模块）	对接典型工作任务及职业能力要求	知识、技能、态度要求	教学活动设计	学时
1	行业企业认知	01-01 01-02	1. 能了解零售业的现状与发展趋势 2. 能了解零售业的业态特征 3. 能了解零售业的工作特点 4. 清楚零售业职业发展路径	1. 零售业基本知识 2. 企业发展概况 3. 企业战略规划 4. 企业核心竞争力 5. 企业文化与服务理念 6. 案例分析 7. 企业现场体验 8. 校企双导师门店岗位现场指导	20
2	岗位角色认知	02-01 02-02 02-03 02-04 02-05	1. 能了解营业员角色的定位 2. 能了解班长的角色定位 3. 能了解副店长的角色定位 4. 能了解店长的角色定位	1. 门店不同角色定位 2. 真实案例分享 3. 校企双导师门店岗位现场指导	16
3	熟悉工作环境	03-01 03-02	1. 能熟悉门店布局 2. 能清楚门店岗位要求 3. 能了解门店日常基本运营流程 4. 能熟悉前、后台功能 5. 能明确工作内容 6. 能熟知工作规范 7. 能明确突发事件处理流程 8. 学会观察同事工作 9. 能做好岗位工作准备 10. 能在师傅指导下总结、改进工作	1. 工作环境体验 2. 真实案例分享 3. 校企双导师门店岗位现场指导	20

续上表

序号	学习任务（单元、模块）	对接典型工作任务及职业能力要求	知识、技能、态度要求	教学活动设计	学时
4	塑造职业形象	04－01 04－02	1. 能规范职业形象 2. 能运用服务礼仪	1. 企业职业形象 2. 现场体验、展示 3. 情景演示 4. 校企双导师门店岗位工作指导	16
合计					72

8. 资源开发与利用

1）教材的编写与使用

（1）教材是达到教学目标的工具，必须依据本课程标准编写教材。编写的教材应充分体现任务驱动、实践导向课程的设计思想。

（2）教材应按照商业企业连锁门店经营管理的运作流程，将本专业职业活动分解成若干典型的工作项目，按完成工作项目的需要和岗位操作规程组织教材内容。

（3）教材应通俗易懂，图文并茂，应将商业连锁企业的各项业务的运作程序以图解的方式直观地展现给学生，提高学生的学习兴趣，加深学生对商业企业门店运营的认识和理解。教材的表达必须精炼、准确、科学。

（4）教材内容应体现先进性、通用性、实用性，要与当前连锁门店发展的进程同步，从而使教材更贴近本专业的发展和实际需要。

（5）教材中的活动设计内容要具体，要尽可能与商业企业连锁门店相关岗位工作活动相同，并在实训室环境下和企业现场具有可操作性。

2）数字化资源的开发与利用

数字化资源的开发是为了更好地学习本课程，因此必须严格按照本课程的设计思路，开发与教材、教学相匹配的数字化资源，包括 PPT、工作流程演示小视频或动画、教师手册、学徒学习手册、学习任务文档、任务考核评价文档、教学案例、相应任务主题的微课资源。数字化资源可以采用资源共享课程或微课平台的形式实现共享。

3）企业岗位培养资源的开发与利用

本课程以学徒在岗培养、在岗任务训练的形式开展，需配备校企岗位双导师（师傅），导师必须具备岗位带教的能力和水平。需开发和配备教师指导手册、学徒学习手册、岗位任务考核评价手册，同时需开发丰富的企业业务培训微课资源，便于学徒移动式、便利化学习。

9. 教学建议

本课程是岗位技能训练课程，采取的教学方法注重培养学生的专业能力、方法能力和社会能力。

总体教学方法是任务教学法。学徒在"做中学",校企双导师在学徒"做中教",提高学徒的动手能力和解决问题的能力。采取的方式是校企双导师带领学徒共同完成教学任务,通过学徒岗位工作现场的指导、帮教、考核,完成课程的教学。

10. 课程实施条件

1)师资要求

本课程要求配备校企双导师。学校专业导师需要具备在合作企业半年以上的企业实践经验,具有本专业或相关专业硕士以上学历,拥有高等职业学校教师资格证,中级及以上职称,有高度的责任心,沟通协调能力强,熟悉企业门店岗位业务工作内容、工作职责和工作流程。企业导师(师傅)需要有在本企业两年以上的工作经验,熟悉门店岗位业务,有岗位带教的能力和水平,有高度的责任心和耐心。

2)教学条件

学校提供"理实一体化"的教学环境,配备多媒体设备、黑(白)板、课桌椅等教学设备。企业提供集中业务培训的培训室,提供学徒轮岗训练的门店岗位,有真实的门店运营管理业务供处理。

11. 教学评价

本课程应充分体现现代学徒制高职教育教学的特点,采取过程性考核和结果性考核相结合的考核评价方式,由校企双导师根据学徒的岗位业绩进行考核。其中校内导师评价占30%,主要考核学徒接受岗位业务培训、完成岗位任务时的学习态度、学习积极性、主动性。企业导师(师傅)评价占70%,主要考核学徒在岗位技能训练的表现和岗位任务完成情况。

12. 行业企业认知与岗前辅导课程任务结构图

行业企业认知与岗前辅导课程任务结构图如图5-7所示。

5.2.2 销售型店长课程标准(两/三年制)

1. 课程名称

销售型店长。

2 适用专业及面向岗位

适用于现代学徒制市场营销专业或现代学徒制工商企业管理专业、连锁经营管理专业。面向职业店长岗位。

3. 课程性质

本课程是现代学徒制市场营销专业学徒岗位能力课程,是培养学徒制学生从事储备店长、店长工作岗位必备能力的课程。主要任务是使学生明确如何成为一名销售型职业店长,

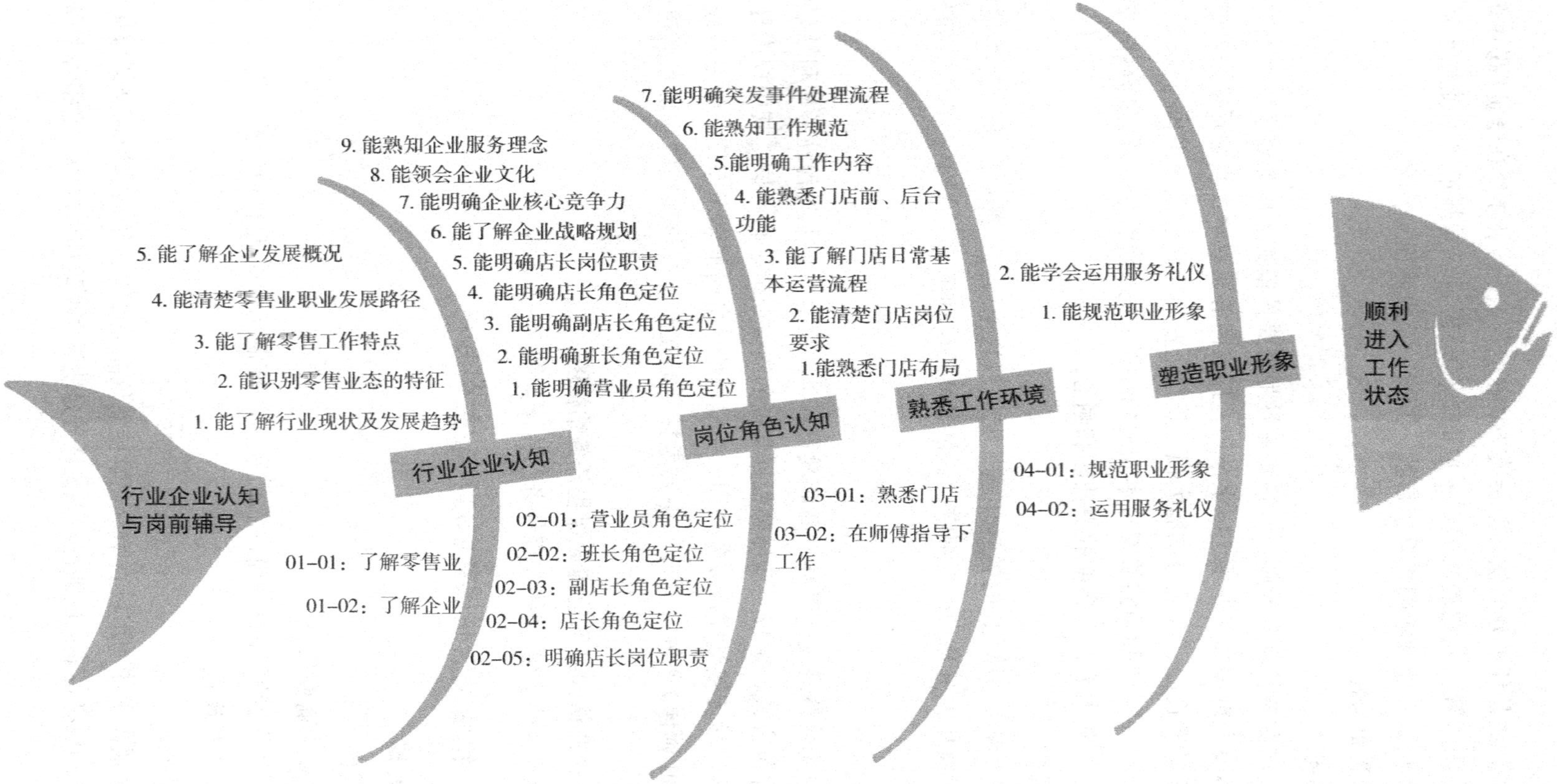

行业企业认知与岗前辅导

顺利进入工作状态

塑造职业形象
1. 能学会运用服务礼仪
2. 能规范职业形象

- 04-01：规范职业形象
- 04-02：运用服务礼仪

熟悉工作环境
1. 能熟悉门店布局
2. 能清楚门店岗位要求
3. 能了解门店日常基本运营流程
4. 能熟悉门店前、后台功能
5. 能明确工作规范
6. 能熟知工作内容
7. 能明确突发事件处理流程

- 03-01：熟悉门店
- 03-02：在师傅指导下工作

岗位角色认知
1. 能明确营业员角色定位
2. 能明确副店长角色定位
3. 能明确店长角色定位

- 02-01：营业员角色定位
- 02-02：班长角色定位
- 02-03：副店长角色定位
- 02-04：店长角色定位
- 02-05：明确店长岗位职责

行业企业认知
1. 能明确行业现状及发展趋势
2. 能识别零售业态的特征
3. 能了解零售工作特点
4. 能清楚零售业职业发展路径
5. 能了解企业发展概况
6. 能了解企业核心竞争力
7. 能明确企业战略规划
8. 能领会企业文化
9. 能熟知企业服务理念

- 01-01：了解零售业
- 01-02：了解企业

行业企业认知与岗前辅导

图5-7 行业企业认知与岗前辅导课程任务结构图

掌握让顾客满意以及提升门店销售业绩的技巧，并通过企业门店岗位技能训练，培养销售型店长应具备的销售能力与技巧。

4. 课程设计

课程设计的总体思路：本课程的实践性非常强，以学徒完成岗位工作任务为考核方法。本课程是课程组专任教师深入联合培养企业，通过观摩、调研、挂职实践锻炼、访谈门店店长与企业高管，与百果园企业课程开发部反复研讨，立足于高职教育的高等性、职业性、教育性，结合企业门店店长岗位工作的真实需要，以解决企业门店的实际问题为出发点，与合作企业共同开发的工学结合课程。

课程内容确定的依据：在与企业专家、运营经理、门店店长研讨的基础上，确定了职业店长的岗位工作要以明确岗位职责为前提，以熟悉产品特性为基础，以顾客为中心，以提升门店销售业绩为目标。以职业能力与职业素质为主线，将工作项目进行分解和细化，提炼出每个工作项目的具体工作任务。

5. 课程教学目标

1）职业素养目标

(1) 具有清晰的个人职业规划。

(2) 具有发现问题、解决问题的能力和意识。

(3) 具有团队合作能力。

(4) 具有沟通交流的技巧。

(5) 具有不断创新的意识。

(6) 具有责任意识。

(7) 具有自我管理能力。

(8) 具有抗压能力。

2）专业能力目标

(1) 能做好营业前、营业中、营业后的各项工作。

(2) 能做好导购准备。

(3) 能接触顾客进行推介商品。

(4) 能处理好顾客异议。

(5) 能使用成交方法达成交易。

(6) 能进行商品陈列与维护。

(7) 能制订与实施促销计划。

6. 参考学时与学分

参考学时：108 学时。

参考学分：6 学分。

7. 课程结构

销售型店长课程结构见表 5-8。

表 5-8 销售型店长课程结构

序号	学习任务（单元、模块）	对接典型工作任务及职业能力要求	知识、技能、态度要求	教学活动设计	学时
1	营业前准备	05	1. 能熟悉晨会召开的流程 2. 能整理营业环境 3. 能调试营业设备 4. 能准备其他营业事项 5. 能开展面对面顾问式导购 6. 能熟练收银 7. 能有效执行门店的销售计划，达成销售目标	1. 营业前准备 2. 开展真实岗位工作，完成营业前准备任务训练 3. 校企双导师门店岗位现场指导	8
2	营业中管理	06	1. 能进行日常运营管理 2. 能处理突发事件	1. 营业中管理 2. 开展真实岗位工作，完成营业中任务训练 3. 校企双导师门店岗位现场指导	8
3	营业后工作	07	1. 能组织召开总结会 2. 能核对账务 3. 能填写工作日志 4. 能做好其他事项	1. 营业后工作 2. 开展真实岗位工作，完成营业后任务训练 3. 校企双导师门店岗位现场指导	8
4	做好导购准备	08	1. 能了解商品 2. 能了解营销重点 3. 能了解消费群特征 4. 能熟悉竞争环境	1. 做好导购准备 2. 开展真实岗位工作，完成导购准备任务训练 3. 校企双导师门店岗位现场指导	8
5	接触顾客	09	1. 能发现顾客 2. 能做好开场白 3. 能正确评估顾客 4. 能说服顾客成交	1. 接触顾客 2. 开展真实岗位工作，完成接触顾客任务训练 3. 校企双导师门店岗位现场指导	10

续上表

序号	学习任务（单元、模块）	对接典型工作任务及职业能力要求	知识、技能、态度要求	教学活动设计	学时
6	推介商品	10	1. 能学会倾听 2. 能采取合适方式推介商品	1. 推介商品的方式 2. 开展真实岗位工作，完成商品推介任务训练 3. 校企双导师门店岗位现场指导	10
7	处理顾客异议	11	1. 能判断造成顾客异议的原因 2. 能熟知顾客异议的处理方法 3. 能熟悉顾客异议处理的步骤	1. 顾客异议处理 2. 开展真实岗位工作，完成顾客异议处理任务训练 3. 校企双导师门店岗位现场指导	10
8	达成交易	12	1. 能识别成交信号 2. 能抓住成交机会 3. 会运用成交方法	1. 达成交易方法 2. 开展真实岗位工作，完成达成交易的任务训练 3. 校企双导师门店岗位现场指导	10
9	安排付款	13	1. 会使用收银设备 2. 能熟记商品条码 3. 能熟悉门店促销活动 4. 会根据顾客需求选择付款方式并结算	1. 付款注意事项 2. 开展真实岗位工作，完成收银任务训练 3. 校企双导师门店岗位现场指导	6
10	结束送客	14	能使用欢送礼仪	1. 结束送客注意事项 2. 开展真实岗位工作，完成任务训练 3. 校企双导师门店岗位现场指导	2

续上表

序号	学习任务（单元、模块）	对接典型工作任务及职业能力要求	知识、技能、态度要求	教学活动设计	学时
11	商品陈列与维护	15	1. 会利用陈列提升门店销售业绩 2. 能进行商品陈列维护	1. 利用商品陈列提升销售 2. 开展真实岗位工作，完成任务训练 3. 校企双导师门店岗位现场指导	12
12	制订与实施门店促销计划	16	1. 能做好促销准备 2. 能做好促销中的管控 3. 能做好促销后的总结	1. 制订与实施促销计划 2. 开展真实岗位工作，完成任务训练 3. 校企双导师门店岗位现场指导	16
合计					108

8. 资源开发与利用

1）教材的编写与使用

（1）教材是达到教学目标的工具，必须依据本课程标准以及项目化课程开发的思路来编写。编写的教材应充分体现商业连锁门店岗位工作任务引领、工作过程导向的设计思想。

（2）教材分为教师指导手册与学生任务手册。编写思路是将门店中的典型工作过程或工作内容分解成典型的工作项目，然后对工作项目进行分解与细化，提炼出工作项目中的具体工作任务，最后设计学习主题。

（3）教材表达应通俗易懂、图文并茂，做到精炼、准确、科学；教材内容应体现先进性、通用性、实用性，并吸纳最新的经营管理方法和管理工具，必须贴近连锁商业发展的实际需要；教材中的活动设计要具体可行。

2）数字化资源的开发与利用

数字化资源的开发是为了更好地学习本课程，因此必须严格按照本课程的设计思路，开发与教材、教学相匹配的数字化资源，包括PPT、工作流程演示小视频或动画、教师手册、学徒学习手册、学习任务文档、任务考核评价文档、教学案例、相应任务主题的微课资源。数字化资源可以采用资源共享课程或微课平台的形式实现共享。

3）企业岗位培养资源的开发与利用

本课程以学徒在岗培养、在岗任务训练的形式开展，需配备校企岗位双导师（师傅），导师必须具备岗位带教的能力和水平。需开发和配备教师指导手册、学徒学习手册、岗位任务考核评价手册，同时需开发丰富的企业业务培训微课资源，便于学徒移动式、便利化学习。

9. 教学建议

本课程为岗位技能训练课程，采取的教学方法注重培养学生的专业能力、方法能力和社会能力。

总体教学方法是任务教学法。学徒在"做中学"，校企双导师在学徒"做中教"，提高学徒的动手能力和解决问题的能力。采取的方式是校企双导师带领学徒共同完成教学任务，通过学徒岗位工作现场的指导、帮教、考核，完成课程的教学。

10. 课程实施条件

1）师资要求

本课程要求配备校企双导师。学校专业导师需要具备在合作企业半年以上的企业实践经验，具有本专业或相关专业硕士以上学历，拥有高等职业学校教师资格证，中级及以上职称，有高度的责任心，沟通协调能力强，熟悉企业门店岗位业务工作内容、工作职责和工作流程。企业导师（师傅）需要有本在企业两年以上的工作经验，熟悉门店岗位业务，有岗位带教的能力和水平，有高度的责任心和耐心。

2）教学条件

学校提供"理实一体化"的教学环境，配备多媒体设备、黑（白）板、课桌椅等教学设备。企业提供集中业务培训的培训室，提供学徒轮岗训练的门店岗位，有真实的门店运营管理业务供处理。

11. 教学评价

本课程应充分体现现代学徒制高职教育教学的特点，采取过程性考核和结果性考核相结合的考核评价方式，由校企双导师根据学徒的岗位业绩进行考核。其中校内导师评价占30%，主要考核学徒接受岗位业务培训、完成岗位任务时的学习态度、学习积极性、主动性。企业导师（师傅）评价占70%，主要考核学徒在岗位技能训练的表现和岗位任务完成情况。

12. 制订与实施门店促销计划课程任务结构图

制订与实施门店促销计划课程任务结构图如图5-8所示。

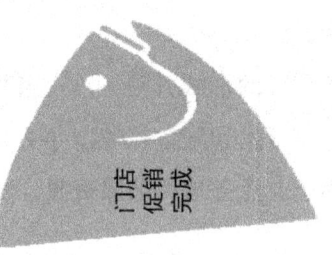

图5-8 制订与实施门店促销计划课程任务结构图

5.2.3 管理型店长课程标准(两/三年制)

1. 课程名称

管理型店长。

2. 适用专业及面向岗位

适用于现代学徒制市场营销专业或现代学徒制工商企业管理专业、连锁经营管理专业。面向职业店长岗位。

3. 课程性质

本课程是现代学徒制市场营销专业学徒岗位能力课程，是培养学徒制学生从事储备店长、店长工作岗位必备能力的课程。主要任务是使学徒明确如何从销售的角色转变为管理者的角色，以门店职业经理人的身份去管理好门店，如何有效提升门店管理的技能，并通过企业门店管理岗位技能训练，掌握职业店长应具备的各项管理能力与技巧。

4. 课程设计

课程设计的总体思路：本课程的实践性非常强，以学徒完成岗位工作任务为考核方法。本课程是课程组专任教师深入联合培养企业，通过观摩、调研、挂职实践锻炼、访谈门店店长与企业高管，与行业企业课程开发人员反复研讨，立足于高职教育的高等性、职业性、教育性，结合企业门店店长岗位工作的真实需要，以解决企业门店的实际问题为出发点，与行业企业合作开发的学徒岗位能力课程。

课程内容确定的依据：在与企业专家、运营经理、门店店长研讨的基础上，确定了职业店长的岗位工作要以明确岗位职责为前提，以逐步提升自身的销售、管理、经营能力为基础，通过门店实际业务的运营，实现提升门店运营与管理水平的目标。以职业能力与职业素质为主线，将工作项目进行分解和细化，提炼出每个工作项目的具体工作任务。

5. 课程教学目标

1) 职业素养目标

(1) 具有清晰的个人职业规划。

(2) 具有发现问题、解决问题的能力和意识。

(3) 具有团队合作能力。

(4) 具有沟通交流的技巧。

(5) 具有基本的财务分析能力。

(6) 具有不断创新的意识。

(7) 具有责任意识。

(8) 具有组织能力。

(9) 具有抗压能力。

(10) 具有自我管理能力。

(11) 具有数字应用能力。

(12)具有信息处理能力。

2)专业能力目标

(1)能从销售角色转变为管理角色。

(2)能进行门店布局与规划。

(3)能进行门店商品管理。

(4)能进行门店销售管理。

(5)能进行人员管理。

(6)能进行社群关系管理。

(7)能进行服务管理。

(8)能进行客源管理。

(9)能进行营销管理。

6. 参考学时与学分

参考学时：108学时。

参考学分：6学分。

7. 课程结构

管理型店长课程结构见表5-9。

表5-9 管理型店长课程结构

序号	学习任务（单元、模块）	对接典型工作任务及职业能力要求	知识、技能、态度要求	教学活动设计	学时
1	转变角色	17	1. 能了解管理型店长的工作重点 2. 能熟练掌握提升店长威信的方法 3. 能提升目标管理能力 4. 能提升自我管理能力	1. 如何从销售型店长转变为管理型店长 2. 案例分析 3. 主题研讨	6
2	门店布局与规划	18	1. 能进行合理的门店布局 2. 能对门店布局进行调整优化 3. 能实现门店布局诱导	1. 门店布局与规划 2. 开展真实岗位工作，完成实际岗位工作任务 3. 校企双导师门店岗位现场指导	8

续上表

序号	学习任务（单元、模块）	对接典型工作任务及职业能力要求	知识、技能、态度要求	教学活动设计	学时
3	门店商品管理	19	1. 能确定门店商品组织结构 2. 能进行商品组合的单品配置 3. 能评估商品品类 4. 能优化商品组合 5. 能进行商品价格管理 6. 能进行商品促销管理 7. 能进行商品订货管理 8. 能进行商品验收管理 9. 能进行商品库存管理 10. 能进行商品安全与防损管理	1. 商品管理 2. 开展真实岗位工作，进行轮岗训练，完成实际岗位工作任务 3. 校企双导师门店岗位现场指导	18
4	门店销售管理	20	1. 能执行总部下达的销售计划 2. 能执行总部下达的促销计划与促销互动 3. 能掌握门店的销售动态 4. 能拓展销售途径 5. 能提升销售毛利 6. 能提升销售额 7. 能营造门店销售氛围	1. 门店销售管理 2. 开展真实岗位工作，进行轮岗训练，完成实际岗位工作任务 3. 校企双导师门店岗位现场指导	18
5	门店人员管理	21	1. 能做好员工日常管理 2. 能进行员工招聘 3. 能进行合理分工 4. 能进行有效培训 5. 能进行有效考核	1. 门店人员管理 2. 开展真实岗位工作，进行轮岗训练，完成实际岗位工作任务 3. 校企双导师门店岗位现场指导	12

续上表

序号	学习任务（单元、模块）	对接典型工作任务及职业能力要求	知识、技能、态度要求	教学活动设计	学时
6	门店社群关系管理	22	1. 能采取有效手段融入社群 2. 能采取有效方法扩大影响力	1. 社群关系管理 2. 开展真实岗位工作，进行轮岗训练，完成实际岗位工作任务 3. 校企双导师门店岗位现场指导	8
7	门店服务管理	23	1. 能掌握顾客服务管理知识 2. 能有效管理顾客服务 3. 能进行现场管理 4. 能做好投诉管理 5. 能做好服务的流程管理	1. 门店服务管理 2. 开展真实岗位工作，进行轮岗训练，完成实际岗位工作任务 3. 校企双导师门店岗位现场指导	10
8	门店客源管理	24	1. 学会建立完善的客户档案 2. 能进行新客户开发 3. 能提高顾客满意度 4. 能提高顾客忠诚度 5. 能采取有效措施挽回流失顾客	1. 客源管理 2. 开展真实岗位工作，进行轮岗训练，完成实际岗位工作任务 3. 校企双导师门店岗位现场指导	10
9	门店营销管理	25	1. 能全面了解市场 2. 能准确把握顾客需求 3. 能制订市场定位策略 4. 能制订营销组合策略 5. 会编制营销计划	1. 门店营销管理 2. 开展真实岗位工作，进行轮岗训练，完成实际岗位工作任务 3. 校企双导师门店岗位现场指导	18
			合计		108

8. 资源开发与利用

1）教材的编写与使用

（1）教材是达到教学目标的工具，必须依据本课程标准以及项目化课程开发的思路来编写。编写的教材应充分体现商业连锁门店岗位工作任务引领、工作过程导向的设计思想。

（2）教材分为教师指导手册与学生任务手册。编写思路是将门店中的典型工作过程或工作内容分解成典型的工作项目，然后对工作项目进行分解与细化，提炼出工作项目中的具体工作任务，最后设计学习主题。

(3)教材表达应通俗易懂、图文并茂，做到精炼、准确、科学；教材内容应体现先进性、通用性、实用性，并吸纳最新的经营管理方法和管理工具，必须贴近连锁商业发展的实际需要；教材中的任务设计要具体可行。

2）数字化资源的开发与利用

数字化资源的开发是为了更好地学习本课程，因此必须严格按照本课程的设计思路，开发与教材、教学相匹配的数字化资源，包括PPT、工作流程演示小视频或动画、教师手册、学徒学习手册、学习任务文档、任务考核评价文档、教学案例、相应任务主题的微课资源。数字化资源可以采用资源共享课程或微课平台的形式实现共享。

3）企业岗位培养资源的开发与利用

本课程以学徒在岗培养、在岗任务训练的形式开展，需配备校企岗位双导师（师傅），导师必须具备岗位带教的能力和水平。需开发和配备教师指导手册、学徒学习手册、岗位任务考核评价手册，同时需开发丰富的企业业务培训微课资源，便于学徒移动式、便利化学习。

9. 教学建议

本课程是岗位技能训练课程，采取的教学方法注重培养学生的专业能力、方法能力和社会能力。

总体教学方法是任务教学法。学徒在"做中学"，校企双导师在学徒"做中教"，提高学徒的动手能力和解决问题的能力。采取的方式是校企双导师带领学徒共同完成教学任务，通过学徒岗位工作现场的指导、帮教、考核，完成课程的教学。

10. 课程实施条件

1）师资要求

本课程要求配备校企双导师。学校专业导师需要具备在合作企业半年以上的企业实践经验，具有本专业或相关专业硕士以上学历，拥有高等职业学校教师资格证，中级及以上职称，有高度的责任心，沟通协调能力强，熟悉企业门店岗位业务工作内容、工作职责和工作流程。企业导师（师傅）需要有在本企业两年以上的工作经验，熟悉门店岗位业务，有岗位带教的能力和水平，有高度的责任心和耐心。

2）教学条件

学校提供"理实一体化"的教学环境，配备多媒体设备、黑（白）板、课桌椅等教学设备。企业提供集中业务培训的培训室，提供学徒轮岗训练的门店岗位，有真实的门店运营管理业务供处理。

11. 教学评价

本课程应充分体现现代学徒制高职教育教学的特点，采取过程性考核和结果性考核相结合的考核评价方式，由校企双导师根据学徒的岗位业绩进行考核。其中校内导师评价占30%，主要考核学徒接受岗位业务培训、完成岗位任务时的学习态度、学习积极性、主动性。企业导师（师傅）评价占70%，主要考核学徒在岗位技能训练的表现和岗位任务完成情况。

12. 门店人员管理课程任务结构图

门店人员管理课程任务结构图如图5-9所示。

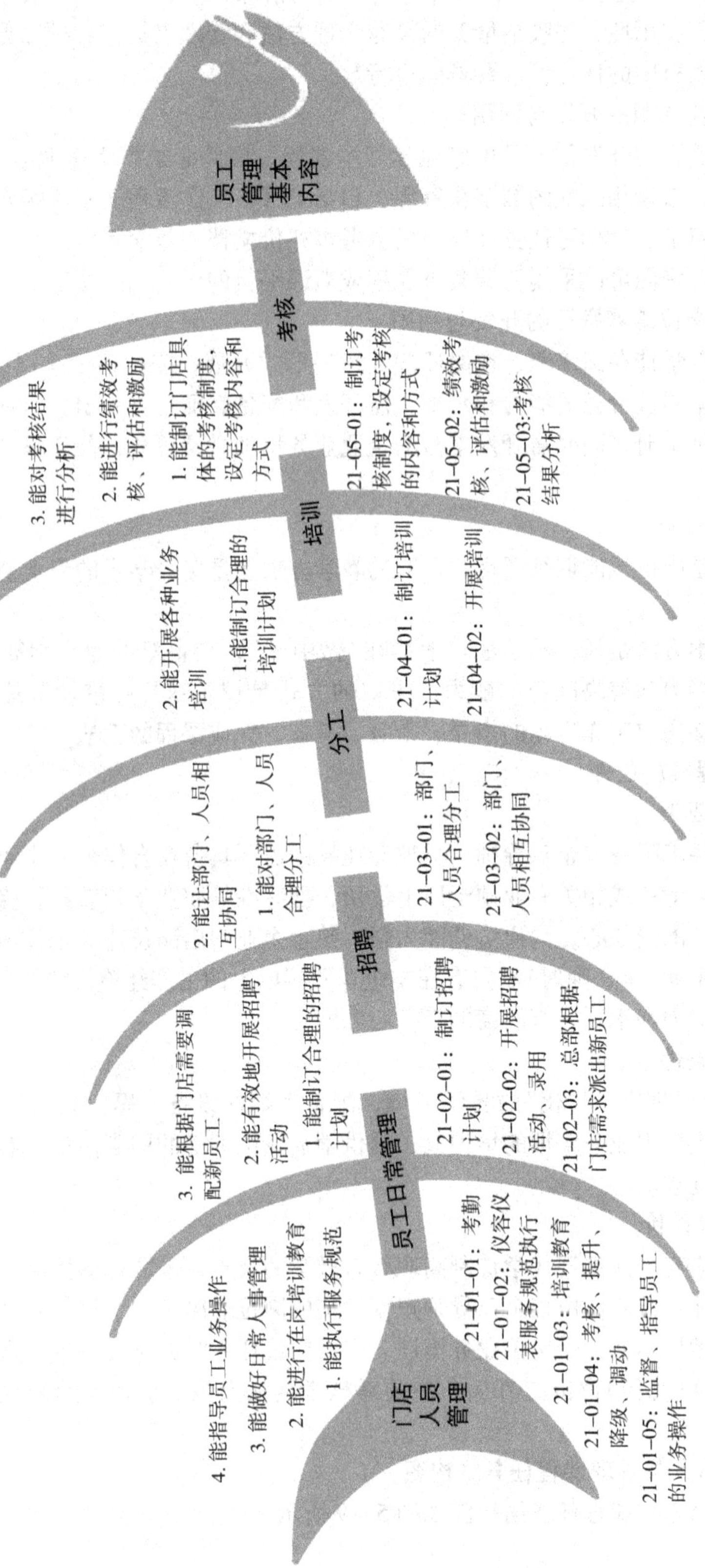

图5-9 门店人员管理课程任务结构图

5.2.4　经营型店长课程标准(两/三年制)

1. 课程名称

经营型店长。

2. 适用专业及面向岗位

适用于现代学徒制市场营销专业或现代学徒制工商企业管理专业、连锁经营管理专业。面向职业店长岗位。

3. 课程性质

本课程是现代学徒制市场营销专业学徒岗位能力课程,是培养学徒制学生从事储备店长、店长工作岗位必备能力的课程。主要任务是使学徒明确如何成为经营型的职业店长,通过企业门店岗位技能训练,掌握职业店长应具备的经营能力与技巧。

4. 课程设计

课程设计的总体思路:本课程的实践性非常强,以学徒完成岗位工作任务为考核方法。本课程是课程组专任教师深入联合培养企业,通过观摩、调研、挂职实践锻炼、访谈门店店长与企业高管,与行业企业课程开发人员反复研讨,立足于高职教育的高等性、职业性、教育性,结合企业门店店长岗位工作的真实需要,以解决企业门店的实际问题为出发点,与行业企业合作开发的学徒岗位课程。

课程内容确定的依据:在与企业专家、运营经理、门店店长研讨的基础上,确定了职业店长的岗位工作要以明确岗位职责为前提,以逐步提升自身及团队的经营能力为基础,通过门店实际业务的运营,实现提升门店运营与管理水平的目标。以职业能力与职业素质为主线,将工作项目进行分解和细化,提炼出每个工作项目的具体工作任务。

5. 课程教学目标

1)职业素养目标

(1)具有清晰的个人职业规划。

(2)具有发现问题、解决问题的能力和意识。

(3)具有团队合作能力。

(4)具有基本的财务分析能力。

(5)具有不断创新的意识。

(6)具有责任意识。

(7)具有组织能力。

(8)具有抗压能力。

(9)具有沟通交流技巧。

(10)具有数字应用能力。

(11)具有自我管理能力。

(12)具有信息处理能力。

2)专业能力目标

(1)能进行商业模式选择。

(2)能进行选址与商圈分析。

(3)能进行投资开发可行性分析。

(4)能进行团队建设。

(5)能塑造门店特色文化。

(6)能提升门店经营能力。

6. 参考学时与学分

参考学时：108 学时。

参考学分：6 学分。

7. 课程结构

经营型店长课程结构见表 5-10。

表 5-10　经营型店长课程结构

序号	学习任务（单元、模块）	对接典型工作任务及职业能力要求	知识、技能、态度要求	教学活动设计	学时
1	商业模式选择	26	1. 了解商业模式 2. 能进行商业模式选择 3. 能进行商业模式画布设计 4. 能打造样板店	1. 商业模式选择 2. 开展真实岗位工作，进行轮岗训练，完成实际岗位工作任务 3. 校企双导师门店岗位现场指导	18
2	门店选址与商圈分析	27	1. 能掌握门店选址的内容、方法 2. 能进行门店商圈调查 3. 能确定门店具体选址	1. 门店选址与商圈分析 2. 开展真实岗位工作，进行轮岗训练，完成实际岗位工作任务 3. 校企双导师门店岗位现场指导	20

续上表

序号	学习任务（单元、模块）	对接典型工作任务及职业能力要求	知识、技能、态度要求	教学活动设计	学时
3	门店投资开发可行性分析	28	1. 能了解可行性分析的内容 2. 能进行可行性环境分析 3. 能进行投资构成分析 4. 能进行经济评价	1. 门店投资开发可行性分析 2. 开展真实岗位工作，进行轮岗训练，完成实际岗位工作任务 3. 校企双导师门店岗位现场指导	18
4	打造优秀团队	29	1. 能组建、优化团队 2. 能进行绩效管理 3. 能进行团队教练与辅导 4. 能提高员工满意度 5. 能打造一支优秀团队	1. 打造优秀团队 2. 开展真实岗位工作，进行轮岗训练，完成实际岗位工作任务 3. 校企双导师门店岗位现场指导	16
5	塑造门店特色文化	30	1. 能了解门店文化 2. 能进行门店文化设计 3. 能落地门店文化	1. 塑造门店特色文化 2. 开展真实岗位工作，进行轮岗训练，完成实际岗位工作任务 3. 校企双导师门店岗位现场指导	16
6	提升门店经营能力	31	1. 能对经营数据进行分析与诊断 2. 能做好动态销管 3. 能开展市场督导与管理 4. 能进行门店创新 5. 能制订有效的竞争战略	1. 提升门店经营能力 2. 开展真实岗位工作，进行轮岗训练，完成实际岗位工作任务 3. 校企双导师门店岗位现场指导	20
	合计				108

8. 资源开发与利用

1）教材的编写与使用

（1）教材是达到教学目标的工具，必须依据本课程标准以及项目化课程开发的思路来编写。编写的教材应充分体现商业连锁门店岗位工作任务引领、工作过程导向的设计思想。

（2）教材分为教师指导手册与学生任务手册。编写思路是将门店中的典型工作过程或工作内容分解成典型的工作项目，然后对工作项目进行分解与细化，提炼出工作项目中的具体工作任务，最后设计学习主题。

（3）教材表达应通俗易懂、图文并茂，做到精炼、准确、科学；教材内容应体现先进性、通用性、实用性，并吸纳最新的经营管理方法和管理工具，必须贴近连锁商业发展的实际需要；教材中的任务设计要具体可行。

2）数字化资源的开发与利用

数字化资源的开发是为了更好地学习本课程，因此必须严格按照本课程的设计思路，开发与教材、教学相匹配的数字化资源，包括PPT、工作流程演示小视频或动画、教师手册、学徒学习手册、学习任务文档、任务考核评价文档、教学案例、相应任务主题的微课资源。数字化资源可以采用资源共享课程或微课平台的形式实现共享。

3）企业岗位培养资源的开发与利用

本课程以学徒在岗培养、在岗任务训练的形式开展，需配备校企岗位双导师（师傅），导师必须具备岗位带教的能力和水平。需开发和配备教师指导手册、学徒学习手册、岗位任务考核评价手册，同时需开发丰富的企业业务培训微课资源，便于学徒移动式、便利化学习。

9. 教学建议

本课程是岗位技能训练课程，采取的教学方法注重培养学生的专业能力、方法能力和社会能力。

总体教学方法是任务教学法。学徒在"做中学"，校企双导师在学徒"做中教"，提高学徒的动手能力和解决问题的能力。采取的方式是校企双导师带领学徒共同完成教学任务，通过学徒岗位工作现场的指导、帮教、考核，完成课程的教学。

10. 课程实施条件

1）师资要求

本课程要求配备校企双导师。学校专业导师需要具备在合作企业半年以上的企业实践经验，具有本专业或相关专业硕士以上学历，拥有高等职业学校教师资格证，中级及以上职称，有高度的责任心，沟通协调能力强，熟悉企业门店岗位业务工作内容、工作职责和工作流程。企业导师（师傅）需要有在本企业两年以上的工作经验，熟悉门店岗位业务，有岗位带教的能力和水平，有高度的责任心和耐心。

2）教学条件

学校提供"理实一体化"的教学环境，配备多媒体设备、黑（白）板、课桌椅等教学设备。企业提供集中业务培训的培训室，提供学徒轮岗训练的门店岗位，有真实的门店运营管理业务供处理。

11. 教学评价

本课程应充分体现现代学徒制高职教育教学的特点，采取过程性考核和结果性考核相结合的考核评价方式，由校企双导师根据学徒的岗位业绩进行考核。其中校内导师评价占30%，主要考核学徒接受岗位业务培训以及完成岗位任务时的学习态度。企业导师（师傅）评价占70%，主要考核学徒在岗位技能训练的表现和岗位任务完成情况。

12. 门店投资可行性分析课程任务结构图

门店投资可行性分析课程任务结构图如图5-10所示。

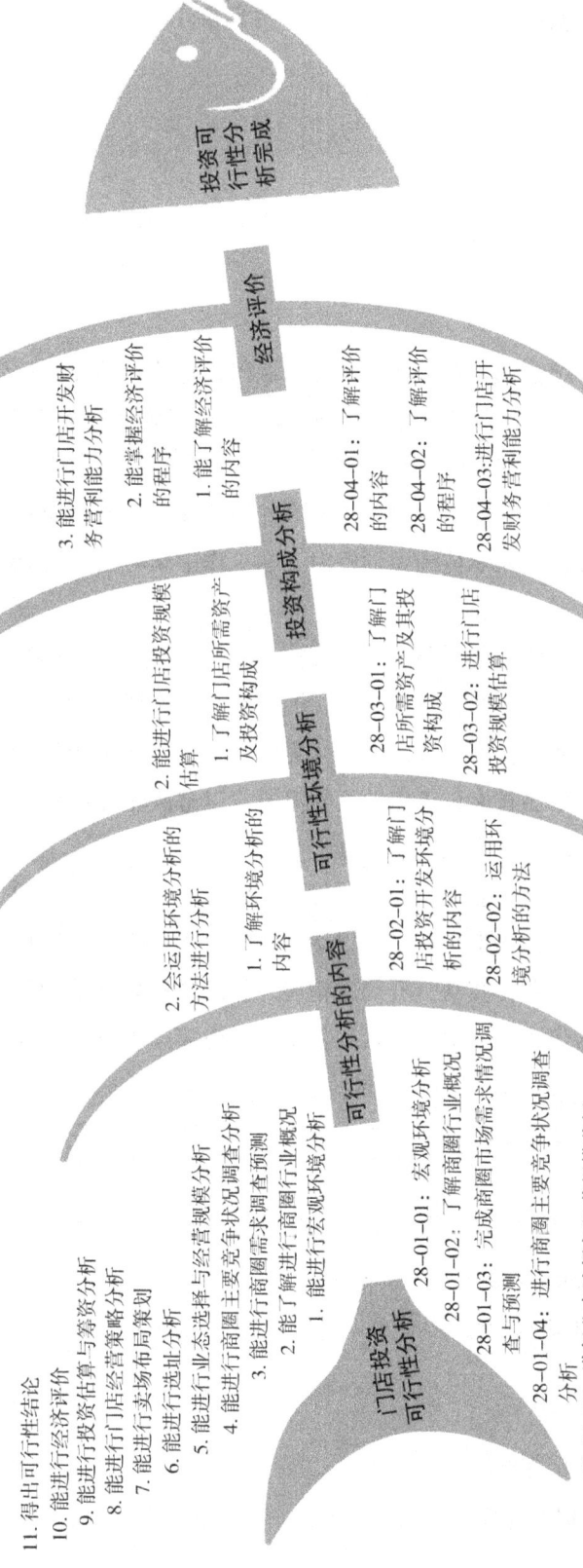

图5-10 门店投资可行性分析课程任务结构图

5.2.5　职业店长综合技能训练课程标准(两年制)

1. 课程名称

职业店长综合技能训练。

2. 适用专业及面向岗位

适用于现代学徒制市场营销专业或现代学徒制工商企业管理专业、连锁经营管理专业。面向职业店长岗位。

3. 课程性质

本课程是现代学徒制市场营销专业学徒岗位能力课程,是培养学徒制学生从事储备店长、店长工作岗位必备能力的一门课程。主要任务是使学徒明确如何成为一名职业店长,通过企业门店岗位技能训练,掌握职业店长应具备的销售、管理、经营能力与技巧。

在专业课程体系中,职业店长综合技能训练与学徒岗位课程的其他课程并行开设,是在完成专业基础课程的学习后进入学徒岗位训练时,在工作中学习的一门课程。

4. 课程设计

课程设计的总体思路:本课程的实践性非常强,以学徒完成岗位工作任务为考核方法。本课程是课程组专任教师深入联合培养企业,通过观摩、调研、挂职实践锻炼、访谈门店店长与企业高管,与行业企业课程开发人员反复研讨,立足于高职教育的高等性、职业性、教育性,结合企业门店店长岗位工作的真实需要,以解决企业门店的实际问题为出发点,与行业企业合作开发的学徒岗位能力课程。

课程内容确定的依据:在与企业专家、运营经理、门店店长研讨的基础上,确定了职业店长的岗位工作要以明确岗位职责为前提,以逐步提升自身的销售、管理、经营能力为基础,通过门店实际业务的运营,实现提升门店销售、管理与经营水平的目标。所以,本课程基于工作内容,系统构建了相关学习项目,主要有:门店运营管理认知、门店销售管理能力提升、门店管理能力提升、门店经营能力提升。然后以职业能力与职业素质为主线,将工作项目进行分解和细化,提炼出每个工作项目的具体工作任务。

5. 课程教学目标

1)职业素养目标

(1)具有清晰的个人职业规划。

(2)具有发现问题、解决问题的能力和意识。

(3)具有团队合作能力。

(4)具有沟通交流的技巧。

(5)具有基本的财务分析能力。

(6)具有不断创新的意识。

(7) 具有责任意识。

(8) 具有组织能力。

(9) 具有抗压能力。

2) 专业能力目标

(1) 能熟悉门店运营管理的基本流程与内容。

(2) 能完成门店的销售任务和目标。

(3) 能管理好门店的各项资源。

(4) 能经营好门店,不断提升业绩。

6. 参考学时与学分

参考学时:300 学时。分两个学期完成,第 3 学期 72 学时,第 4 学期 228 学时。

参考学分:16.5 学分。

7. 课程结构

职业店长综合技能训练(两年制)课程结构见表 5-11。

表 5-11 职业店长综合技能训练(两年制)课程结构

序号	学习任务 (单元、模块)	对接典型工作任务及职业能力要求	知识、技能、态度要求	教学活动设计	学时
1	提升销售能力	05-01 11-02 15-01 16-01 16-02 16-03	1. 能组织召开晨会 2. 能有针对性地处理顾客异议 3. 能通过商品陈列提升销售 4. 能制订与实施促销计划	1. 配合"销售型店长"课程的相关内容开展真实的岗位技能训练 2. 参加企业业务培训:公司制度、门店运营管理制度、岗位工作流程、产品培训等 3. 开展真实岗位工作,进行轮岗训练,完成实际岗位工作任务:理货、陈列维护、鲜度管理、收银、导购、客户服务、促销执行等 4. 校企双导师门店岗位现场指导	108

续上表

序号	学习任务（单元、模块）	对接典型工作任务及职业能力要求	知识、技能、态度要求	教学活动设计	学时
2	提升管理能力	19－01 19－02 19－04 19－05 19－07 19－10 20－03 20－05 20－06 20－07 25－04	1. 能进行门店商品管理 2. 能进行商品价格管理 3. 能进行商品订货管理 4. 能做好损耗控制 5. 能掌握销售动态 6. 能提升销售毛利 7. 能提升销售额 8. 能营造门店销售氛围 9. 能进行门店营销管理	1. 配合"管理型店长"课程的相关内容开展真实的岗位技能训练 2. 参加企业业务培训：班长业务培训、店助业务培训、管理能力提升业务培训 3. 开展真实岗位工作，进行轮岗训练，完成实际岗位工作任务：商品管理、销售管理、人员管理、客户管理、服务管理、客源管理、营销管理等 4. 校企双导师门店岗位现场指导	108
3	提升经营能力	26－04 27－02 29－01 29－02 29－03 31－01 31－02 31－04 31－05	1. 能打造样板店 2. 能进行商圈分析 3. 能进行团队建设 4. 能进行绩效管理 5. 能开展团队教练与辅导 6. 能进行门店经营数据分析 7. 能从门店经营数据分析中找出经营中存在的问题，并有针对性地解决 8. 能进行门店创新 9. 能开展有效竞争	1. 配合"经营型店长"课程的相关内容开展真实的岗位技能训练 2. 参加企业业务培训：店长培训、店长能力提升培训、经营能力提升业务培训 3. 开展真实岗位工作，进行轮岗训练，完成实际岗位工作任务：商业模式分析与选择、商圈分析与选址、门店投资可行性分析、门店团队建设、门店文化塑造、门店经营数据分析与诊断、市场督导与运营、开展有效竞争等 4. 校企双导师门店岗位现场指导	84
			合计		300

8. 资源开发与利用

1）教材的编写与使用

（1）教材是达到教学目标的工具，必须依据本课程标准以及项目化课程开发的思路来编写。编写的教材应充分体现商业连锁门店岗位工作任务引领、工作过程导向的设计思想。

（2）教材分为教师指导手册与学生任务手册。编写思路是将门店中的典型工作过程或工作内容分解成典型的工作项目，然后对工作项目进行分解与细化，提炼出工作项目中的具体工作任务，最后设计学习主题。

（3）教材表达应通俗易懂、图文并茂，做到精炼、准确、科学；教材内容应体现先进性、通用性、实用性，并吸纳最新的经营管理方法和管理工具，必须贴近连锁商业发展的实际需要；教材中的活动设计要具体可行。

2）数字化资源的开发与利用

数字化资源的开发是为了更好地学习本课程，因此必须严格按照本课程的设计思路，开发与教材、教学相匹配的数字化资源，包括PPT、工作流程演示小视频或动画、教师手册、学徒学习手册、学习任务文档、任务考核评价文档、教学案例、相应任务主题的微课资源。数字化资源可以采用资源共享课程或微课平台的形式实现共享。

3）企业岗位培养资源的开发与利用

本课程以学徒在岗培养、在岗任务训练的形式开展，需配备校企岗位双导师（师傅），导师必须具备岗位带教的能力和水平。需开发和配备教师指导手册、学徒学习手册、岗位任务考核评价手册，同时需开发丰富的企业业务培训微课资源，便于学徒移动式、便利化学习。

9. 教学建议

本课程是岗位技能训练课程，采取的教学方法注重培养学生的专业能力、方法能力和社会能力。

总体教学方法是任务教学法。学徒在"做中学"，校企双导师在学徒"做中教"，提高学徒的动手能力和解决问题的能力。采取的方式是校企双导师带领学徒共同完成教学任务，通过学徒岗位工作现场的指导、帮教、考核，完成课程的教学。

10. 课程实施条件

1）师资要求

本课程要求配备校企双导师。学校专业导师需要具备在合作企业半年以上的企业实践经验，具有本专业或相关专业硕士以上学历，拥有高等职业学校教师资格证，中级及以上职称，有高度的责任心，沟通协调能力强，熟悉企业门店岗位业务工作内容、工作职责和工作流程。企业导师（师傅）需要有在本企业两年以上的工作经验，熟悉门店岗位业务，有岗位带教的能力和水平，有高度的责任心和耐心。

2）教学条件

学校提供"理实一体化"的教学环境，配备多媒体设备、黑（白）板、课桌椅等教学设备。企业提供集中业务培训的培训室，提供学徒轮岗训练的门店岗位，有真实的门店运营管理业务供处理。

11. 教学评价

本课程应充分体现现代学徒制高职教育教学的特点，采取过程性考核和结果性考核相结合的考核评价方式，由校企双导师根据学徒的岗位业绩进行考核。其中校内导师评价占30%，主要考核学徒接受岗位业务培训以及完成岗位任务时的学习态度。企业导师（师傅）评价占70%，主要考核学徒在岗位技能训练的表现和岗位任务完成情况。

12. 提升门店经营能力课程任务结构图

提升门店经营能力课程任务结构图如图 5-11 所示。

5.2.6 职业店长综合技能训练课程标准（三年制）

1. 课程名称

职业店长综合技能训练。

2. 适用专业及面向岗位

适用于现代学徒制市场营销专业或现代学徒制工商企业管理专业、连锁经营管理专业。面向职业店长岗位。

3. 课程性质

本课程是现代学徒制市场营销专业学徒岗位能力课程，是培养学徒制学生从事储备店长、店长工作岗位必备能力的一门课程。主要任务是使学徒明确如何成为一名职业店长，通过企业门店岗位技能训练，掌握职业店长应具备的销售、管理、经营能力与技巧。

在专业课程体系中，职业店长综合技能训练与学徒岗位课程的其他课程并行开设，是在完成专业基础课程的学习后进入学徒岗位训练时，在工作中学习的一门课程。

4. 课程设计

课程设计的总体思路：本课程的实践性非常强，以学徒完成岗位工作任务为考核方法。本课程是课程组专任教师深入联合培养企业，通过观摩、调研、挂职实践锻炼、访谈门店店长与企业高管，与行业企业课程开发人员反复研讨，立足于高职教育的高等性、职业性、教育性，结合企业门店店长岗位工作的真实需要，以解决企业门店的实际问题为出发点，与行业企业合作开发的学徒岗位能力课程。

课程内容确定的依据：在与企业专家、运营经理、门店店长研讨的基础上，确定了职业店长的岗位工作要以明确岗位职责为前提，以逐步提升自身的销售、管理、经营能力为基础，通过门店实际业务的运营，实现提升门店销售、管理与经营水平的目标。所以，本课程基于工作内容，系统构建了相关学习项目，主要有：门店运营管理认知、门店销售管理能力提升、门店管理能力提升、门店经营能力提升。然后以职业能力与职业素质为主线，将工作项目进行分解和细化，提炼出每个工作项目的具体工作任务。

5. 课程教学目标

1）职业素养目标

（1）具有清晰的个人职业规划。

（2）具有发现问题、解决问题的能力和意识。

（3）具有团队合作能力。

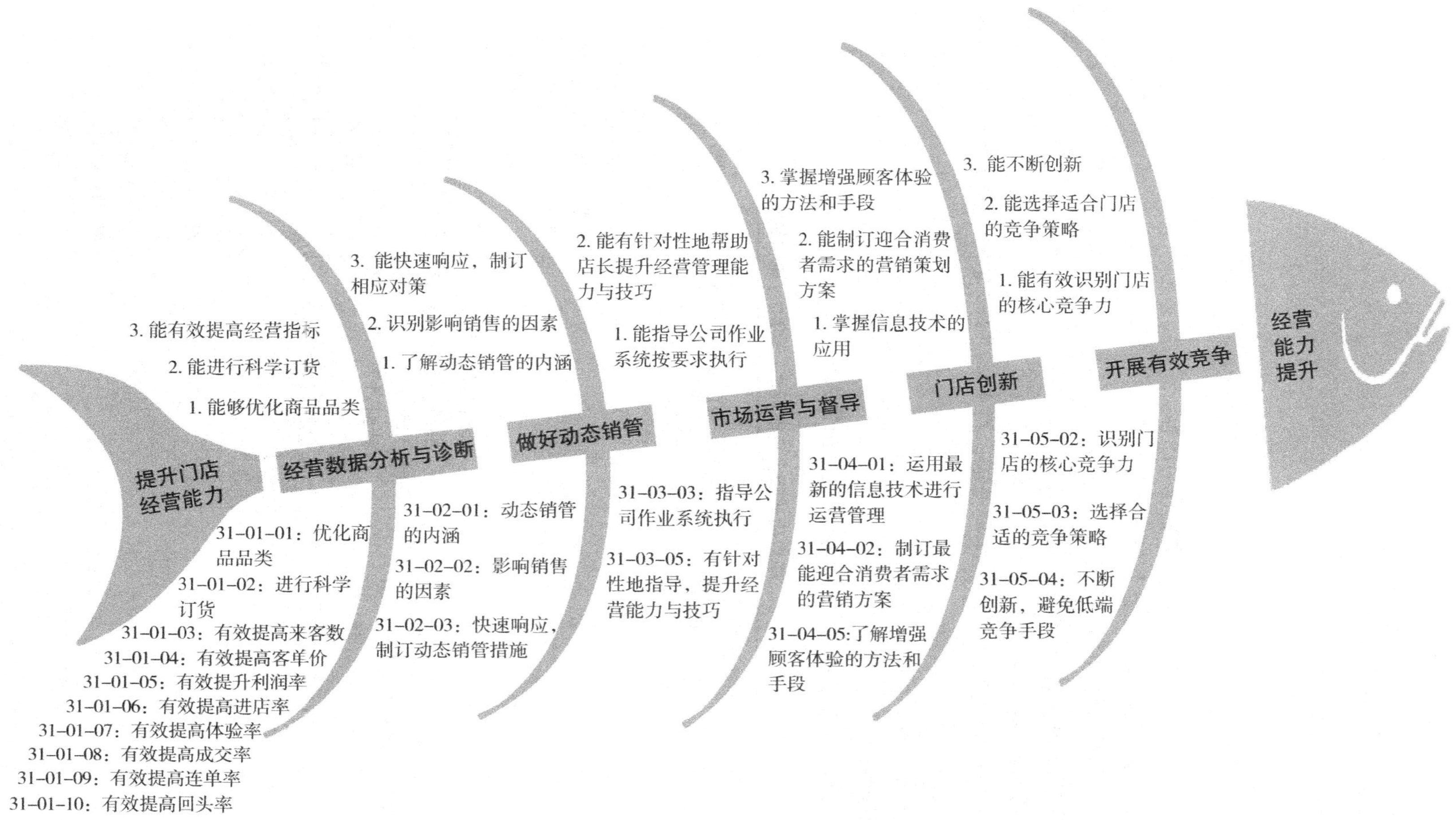

提升门店经营能力课程任务结构图

经营能力提升

开展有效竞争
1. 能有效识别门店的核心竞争力
2. 能选择适合门店的竞争策略
3. 能不断创新

- 31-05-02：识别门店的核心竞争力
- 31-05-03：选择合适的竞争策略
- 31-05-04：不断创新，避免低端竞争手段

门店创新
1. 掌握信息技术的应用
2. 能制订迎合消费者需求的营销策划方案
3. 掌握增强顾客体验的方法和手段

- 31-04-01：运用最新的信息技术进行运营管理
- 31-04-02：能迎合消费者需求的营销方案
- 31-04-05：了解增强顾客体验的方法和手段

市场运营与督导
1. 能指导公司作业系统按要求执行
2. 能有针对性地帮助店长提升经营管理能力与技巧

- 31-03-03：指导公司作业系统执行
- 31-03-05：有针对性地指导，提升经营能力与技巧

做好动态销管
1. 了解动态销管的内涵
2. 识别影响销售的因素
3. 能快速响应，制订相应对策

- 31-02-01：动态销管的内涵
- 31-02-02：影响销售的因素
- 31-02-03：快速响应，制订动态销管措施

经营数据分析与诊断
1. 能有效提高经营指标
2. 能进行科学订货
3. 能够优化商品品类

- 31-01-01：优化商品品类
- 31-01-02：进行科学订货
- 31-01-03：有效提高客单数
- 31-01-04：有效提升毛利润率
- 31-01-05：有效提高进店率
- 31-01-06：有效提高体验率
- 31-01-07：有效提高成交率
- 31-01-08：有效提高连单率
- 31-01-09：有效提高客单价
- 31-01-10：有效提高回头率

图5-11 提升门店经营能力课程任务结构图

(4) 具有沟通交流的技巧。

(5) 具有基本的财务分析能力。

(6) 具有不断创新的意识。

(7) 具有责任意识。

(8) 具有组织能力。

(9) 具有抗压能力。

2) 专业能力目标

(1) 能熟悉门店运营管理的基本流程与内容。

(2) 能完成门店的销售任务和目标。

(3) 能管理好门店的各项资源。

(4) 能经营好门店，不断提升业绩。

6. 参考学时与学分

参考学时：540 学时。分三个学期完成，第 4 学期 180 学时，第 5 学期 180 学时，第 6 学期 180 学时。

参考学分：30 学分。

7. 课程结构

职业店长综合技能训练(三年制)课程结构见表 5-12。

表 5-12 职业店长综合技能训练(三年制)课程结构

序号	学习任务（单元、模块）	对接典型工作任务及职业能力要求	知识、技能、态度要求	教学活动设计	学时
1	提升销售能力	05-01 11-02 15-01 16-01 16-02 16-03	1. 能组织召开晨会 2. 能有针对性地处理顾客异议 3. 能通过商品陈列提升销售 4. 能制订与实施促销计划	1. 配合"销售型店长"课程的相关内容开展真实的岗位技能训练 2. 参加企业业务培训：公司制度、门店运营管理制度、岗位工作流程、产品培训等 3. 开展真实岗位工作，进行轮岗训练，完成实际岗位工作任务：理货、陈列维护、鲜度管理、收银、导购、客户服务、促销执行等 4. 校企双导师门店岗位现场指导	180

续上表

序号	学习任务（单元、模块）	对接典型工作任务及职业能力要求	知识、技能、态度要求	教学活动设计	学时
2	提升管理能力	19-01 19-02 19-04 19-05 19-07 19-10 20-03 20-05 20-06 20-07 25-04	1. 能进行门店商品管理 2. 能进行商品价格管理 3. 能进行商品订货管理 4. 能做好损耗控制 5. 能掌握销售动态 6. 能提升销售毛利 7. 能提升销售额 8. 能营造门店销售氛围 9. 能进行门店营销管理	1. 配合"管理型店长"课程的相关内容开展真实的岗位技能训练 2. 参加企业业务培训：班长业务培训、店助业务培训、管理能力提升业务培训 3. 开展真实岗位工作，进行轮岗训练，完成实际岗位工作任务：商品管理、销售管理、人员管理、客户管理、服务管理、客源管理、营销管理等 4. 校企双导师门店岗位现场指导	180
3	提升经营能力	26-04 27-02 29-01 29-02 29-03 31-01 31-02 31-04 31-05	1. 能打造样板店 2. 能进行商圈分析 3. 能进行团队建设 4. 能进行绩效管理 5. 能开展团队教练与辅导 6. 能进行门店经营数据分析 7. 能从门店经营数据分析中找出经营中存在的问题，并有针对性地解决 8. 能进行门店创新 9. 能开展有效竞争	1. 配合"经营型店长"课程的相关内容开展真实的岗位技能训练 2. 参加企业业务培训：店长培训、店长能力提升培训、经营能力提升业务培训 3. 开展真实岗位工作，进行轮岗训练，完成实际岗位工作任务：商业模式分析与选择、商圈分析与选址、门店投资可行性分析、门店团队建设、门店文化塑造、门店经营数据分析与诊断、市场督导与运营、开展有效竞争等 4. 校企双导师门店岗位现场指导	180
			合计		540

8. 资源开发与利用

1) 教材的编写与使用

（1）教材是达到教学目标的工具，必须依据本课程标准以及项目化课程开发的思路来编写。编写的教材应充分体现商业连锁门店岗位工作任务引领、工作过程导向的设计思想。

（2）教材分为教师指导手册与学生任务手册。编写思路是将门店中的典型工作过程或工作内容分解成典型的工作项目，然后对工作项目进行分解与细化，提炼出工作项目中的具体工作任务，最后设计学习主题。

（3）教材表达应通俗易懂、图文并茂，做到精炼、准确、科学；教材内容应体现先进性、通用性、实用性，并吸纳最新的经营管理方法和管理工具，必须贴近连锁商业发展的实际需要；教材中的活动设计要具体可行。

2) 数字化资源的开发与利用

数字化资源的开发是为了更好地学习本课程，因此必须严格按照本课程的设计思路，开发与教材、教学相匹配的数字化资源，包括PPT、工作流程演示小视频或动画、教师手册、学徒学习手册、学习任务文档、任务考核评价文档、教学案例、相应任务主题的微课资源。数字化资源可以采用资源共享课程或微课平台的形式实现共享。

3) 企业岗位培养资源的开发与利用

本课程以学徒在岗培养、在岗任务训练的形式开展，需配备校企岗位双导师（师傅），导师必须具备岗位带教的能力和水平。需开发和配备教师指导手册、学徒学习手册、岗位任务考核评价手册，同时需开发丰富的企业业务培训微课资源，便于学徒移动式、便利化学习。

9. 教学建议

本课程是岗位技能训练课程，采取的教学方法注重培养学生的专业能力、方法能力和社会能力。

总体教学方法是任务教学法。学徒在"做中学"，校企双导师在学徒"做中教"，提高学徒的动手能力和解决问题的能力。采取的方式是校企双导师带领学徒共同完成教学任务，通过学徒岗位工作现场的指导、帮教、考核，完成课程的教学。

10. 课程实施条件

1) 师资要求

本课程要求配备校企双导师。学校专业导师需要具备在合作企业半年以上的企业实践经验，具有本专业或相关专业硕士以上学历，拥有高等职业学校教师资格证，中级及以上职称，有高度的责任心，沟通协调能力强，熟悉企业门店岗位业务工作内容、工作职责和工作流程。企业导师（师傅）需要有在本企业两年以上的工作经验，熟悉门店岗位业务，有岗位带教的能力和水平，有高度的责任心和耐心。

2）教学条件

学校提供"理实一体化"的教学环境，配备多媒体设备、黑（白）板、课桌椅等教学设备。企业提供集中业务培训的培训室，提供学徒轮岗训练的门店岗位，有真实的门店运营管理业务供处理。

11. 教学评价

本课程应充分体现现代学徒制高职教育教学的特点，采取过程性考核和结果性考核相结合的考核评价方式，由校企双导师根据学徒的岗位业绩进行考核。其中校内导师评价占30%，主要考核学徒接受岗位业务培训以及完成岗位任务时的学习态度。企业导师（师傅）评价占70%，主要考核学徒在岗位技能训练的表现和岗位任务完成情况。

12. 提升门店经营能力课程任务结构图

本课程的提升门店经营能力课程任务结构图与图5-11相同。

参考文献

[1] 郭盛晖，曾兰君，吴源. 基于中高职衔接的旅游管理专业人才培养标准研究与实践[M]. 北京：人民邮电出版社，2015.

[2] 杨黎明. 关于现代学徒制（一）——什么是现代学徒制[J]. 职教论坛，2013（6）：1.

[3] 叶东，吴晓. 中国式"现代学徒制"[N]. 中国产经新闻报，2013-11-21（02）.

[4] 刘冉昕. 国外现代学徒制职业教育模式的比较研究[J]. 辽宁经济，2012（12）：82-83.

[5] 赵志群，陈俊兰. 我国职业教育学徒制：历史、现状与展望[J]. 中国职业技术教育，2013（18）：9-13.

[6] 徐瑾劼. 英国现代学徒制与澳大利亚新学徒制的比较[J]. 职业教育研究，2007（2）：176-177.

[7] 关晶. 西方学徒制研究——兼论对我国职业教育的借鉴[D]. 上海：华东师范大学，2010.

[8] 李村霞，姬瑞海. 教产对接的现代学徒制研究与实践——以浙江工业职业技术学院数控技术专业建设为例[J]. 职业，2014（14）：24-25.

[9] 谢淑润，夏栋. 现代学徒制与我国职业教育人才培养模式创新[J]. 继续教育研究，2013（8）：42-43.

[10] 赵鹏飞，陈秀虎. "现代学徒制"的实践与思考[J]. 中国职业教育，2013（12）：38-44.

[11] 王媛媛，彭军. 现代学徒制：传承与超越[J]. 江苏教育研究，2014（5）：8-10.

[12] 赵志群，陈俊兰. 现代学徒制建设——现代职业教育制度的重要补充[J]. 北京社会科学，2014（1）：28-32.

[13] 胡丽琴，左新民. 现代学徒制人才培养模式隐存的问题及其对策[J]. 教育与职业，2015（17）：50-52.

[14] 吴兆春. 现代学徒制在高职经管类专业中的探索与实践——以广州城市职业学院市场营销专业为例[J]. 广州城市职业学院学报，2013（6）：64-68.

[15] 杜启平，熊霞. 高等职业教育实施现代学徒制的瓶颈与对策[J]. 高教探索，2015（3）：74-77.

[16] 倪丹，张俊国. 现代学徒制：内涵、问题与对策[J]. 淮海工学院学报：人文社会科学版，2015（8）：137-140.

[17] 邓泽民，陈庆合，刘文卿. 职业能力的概念、特征及其形成规律的研究[J]. 煤炭高等教育，2002（2）：104-107.

[18] 郭炯. 职业能力研究的文献综述[J]. 天津职业大学学报，2009（4）：17-20.

[19] 杜怡萍. "二维四步五解"职业能力分析法的实践探索[J]. 职教论坛，2015（9）：8-14.

[20] 赵志群. 职业教育与培训学习新概念[M]. 北京：科学出版社，2003.

[21] 李海东，杜怡萍. 中高职衔接标准建设新视野：从需求到供给[M]. 广州：广东高等教育出版社，2014.

[22] 上海市教育委员会. 职业教育国际水平专业教学标准开发的研究与实践（上）[M]. 上海：华东师范

大学出版社，2012．

[23] 邓泽民，郑予捷．现代职业分析手册[M]．北京：中国铁道出版社，2009．

[24] 广东省教育厅，广东省教育研究院．广东中高职衔接专业教学标准研制：职业能力分析[M]．广州：广东高等教育出版社，2014．

[25] 杜怡萍，李海东．中高职衔接标准建设新视野：从能力到课程[M]．广州：广东高等教育出版社，2015．

附 录

附录 1

行业企业市场营销岗位人才需求调查问卷

尊敬的企业领导：

您好！我们是广州番禺职业技术学院市场营销专业的教师，目前在着手开展高职现代学徒制市场营销专业人才培养标准的研究工作。为了解贵单位对高职营销类人才的需求状况，提升市场营销专业的人才培养效果，更好地为行业企业培养优秀的高技能型营销人才，特制作此调查问卷。

问卷填写说明：

请您按照题目指示作答，答案没有对错之分，根据贵单位实际情况填写即可。本次调查结果仅供人才培养标准研制工作使用，不会将调查内容泄露给第三方或用于商业用途，敬请放心。本问卷大约需要花费您 15 分钟的时间，诚挚感谢您的参与！

问卷编号：_____   调查员：_____   调查日期：_____

1. 贵单位名称：_____ 您的职位：_____
联系方式：_____

2. 贵单位的性质：（   ）
   A. 国有企业　　　　B. 民营企业　　　　C. 外资　　　　D. 中外合资企业
   E. 个体工商户　　　F. 事业单位　　　　G. 其他（请说明）_____

3. 贵单位的规模：（   ）
   A. 1000 人以上　　　B. 501～1000 人　　C. 101～500 人
   D. 50～100 人　　　 E. 50 人以下

4. 贵单位所在的产业、行业：（   ）
   A. 机械制造业　　　B. 批发和零售业　　C. 房地产业及其附属服务业
   D. 商业服务业　　　E. 交通运输业、仓储业　　　　　　F. 金融业
   G. 公共服务业　　　H. 电子信息业　　　I. 邮电通信业
   J. 其他（请说明）_____

5. 今后三年贵单位对市场营销专业应届高职毕业人才的需求状况（　　　）（单选）

　　A. 有需求，10 人以下　　　B. 有需求，10～30 人

　　C. 有需求，30 人以上　　　D. 无需求（请终止填写问卷）　　E. 不确定

6. 贵单位计划招聘的市场营销专业应届高职毕业人才属于（　　）（多选题）

　　A. 市场调研类　　B. 销售类　　C. 办公室管理类　　D. 营销策划类

　　E. 客服类　　F. 其他（请说明）_____

7. 贵单位在招聘营销人才时主要考虑哪些因素？（您首先考虑的因素在该项下方括号内填数字1，第二考虑的因素填数字2，以此类推）

因素	学历	毕业院校	综合素质	工作态度	工作经验	专业技能	证书	其他
排序	（　）	（　）	（　）	（　）	（　）	（　）	（　）	（　）

8. 您认为一名优秀的市场调研员应掌握的岗位技能有（　　　）（限选三项，请按重要性排序，排在第一的表示最重要）

　　A. 了解客户需求的能力　　B. 编写市场调研方案能力　　C. 灵活应用调查方法的能力

　　D. 数据统计与分析能力　　E. 撰写报告的能力　　F. 预测市场的能力

　　G. 其他（请说明）_____

9. 您认为一名优秀的市场调研员应具备的核心素质：（　　　）（限选三项，请按重要性排序，排在第一的表示最重要）

　　A. 爱岗敬业，诚实守信　　B. 具备市场调研的专业知识　　C. 强健的体魄

　　D. 吃苦耐劳的精神　　E. 团队合作能力　　F. 良好的人际交往能力

　　G. 积极乐观的心态　　H. 高度的责任心　　I. 良好的沟通表达能力

　　J. 其他（请说明）_____

10. 您认为一名优秀的销售人员应掌握的岗位技能有：（　　　）（限选三项，并按重要性排序，排在第一的表示最重要）

　　A. 商务谈判能力　　B. 服务客户能力　　C. 人际公关能力

　　D. 市场调研能力　　E. 组织策划能力　　F. 产品推销能力

　　G. 英语表达能力　　H. 其他（请说明）_____

11. 您认为一名优秀的销售人员应具备哪些核心素质：（　　　）（限选三项，并按重要性排序，排在第一的表示最重要）

　　A. 爱岗敬业，诚实守信　　B. 具有较高的文化素养　　C. 强健的体魄

　　D. 团队合作精神　　E. 追求卓越,不断拼搏的精神　　F. 较强的抗压能力

　　G. 快速学习的能力　　H. 积极乐观的心态　　I. 其他（请说明）_____

12. 您认为一名优秀的市场策划人员应掌握的岗位技能有：（　　　）（限选三项，并按

重要性排序，排在第一的表示最重要）

  A. 客户需求的领悟能力 B. 现场管控的能力 C. 活动执行的能力

  D. 组织策划的能力   E. 整合资源的能力 F. 撰写文案的能力

  G. 展示策划创意的能力 H. 其他（请说明）_____

13. 您认为一名优秀的市场策划人员应具备哪些核心素质：（ ）（限选三项，并按重要性排序，排在第一的表示最重要）

  A. 爱岗敬业，诚实守信 B. 丰富的专业知识、相关法律及企业管理知识

  C. 创意与创新能力   D. 敏捷的思维联想力 E. 良好的表达与沟通能力

  F. 敏锐的市场洞察力 G. 快速学习的能力 H. 准确的事物判断力

  I. 其他（请说明）_____

14. 您认为一名优秀的销售管理人员应掌握的岗位技能有：（ ）（限选三项，并按重要性排序，排在第一的表示最重要）

  A. 制订营销策略能力 B. 团队管理能力 C. 市场分析能力

  D. 销售规划能力   E. 客户管理能力 F. 构建营销体系能力

  G. 其他（请说明）_____

15. 您认为一名优秀的销售管理人员应具备哪些核心素质：（ ）（限选三项，并按重要性排序，排在第一的表示最重要）

  A. 良好的职业道德和优秀品德 B. 具备一定专业和管理知识 C. 积极乐观的心态

  D. 具有一定的人格魅力 E. 良好的沟通表达能力 F. 快速学习的能力

  G. 随机应变的能力 H. 其他（请说明）_____

16. 贵单位是否愿意与我院实施"招生与招工一体化""校企协同培养一体化"合作培养营销人才项目？（ ）

  A. 愿意   B. 暂时没有打算

  C. 不愿意（请说明原因）_____

17. 贵单位是否愿意与我院合作建立实训实习基地？（ ）

  A. 愿意   B. 暂时没有打算

  C. 不愿意（请说明原因）_____

18. 贵单位市场营销类岗位现在或者3~5年后可能产生的新岗位和岗位职责是：

A. 岗位名称：_____岗位职责是：_____

_____

_____

  B. 岗位名称：_____岗位职责是：_____

_____

_____

再一次感谢您的配合与帮助！

附录2

学生对现代学徒制联合培养企业的满意度调查问卷

部门/职位：_____　　工龄：_____　　填表日期：_____年___月___日

亲爱的同学们：

你们好！为了更好地开展校企合作，提升实践教学质量，现开展本次满意度调查，希望大家从客观实际出发，认真、详实地填写本调查问卷。本调查仅供教学研究之用，请大家放心填写，问卷不记名填写，所有回答将严格保密。

问卷填写说明：

请在每题最符合您想法的一个选项前面的□里打"√"。感谢您的积极支持和参与！（本问卷除标明为多选外，其余均为单选。）

第一部分：职业倾向与满意度

1. 您进入联合培养企业工作的主要原因是
□现代化管理　　　　　□有好的职业发展　　　　□待遇好
□没有考虑,只是一份工作　□其他

2. 您是否喜爱目前的工作岗位？
□喜欢　　　　　　　　□不喜欢

3. 您愿意与公司签订几年合同？
□一年　　　　　　　　□三年　　　　　　　　　□五年
□十年　　　　　　　　□十年以上

4. 合同到期，您会考虑续签吗？
□会　　　　　　　　　□不会　　　　　　　　　□到时候再说

5. 您认为自己在现属部门的发展前景如何？
□非常有前途　　　　　□较为满意　　　　　　　□没感觉
□不太满意　　　　　　□极不满意

6. 如果您的现状不可改变，您还愿意在这家公司工作几年？
□不到1年　　　　　　□1～3年　　　　　　　　□3～5年
□5～10年　　　　　　□10年以上

7. 最近，您在工作上得到的指导和帮助多吗？
□很多　　　　　　　　□较多　　　　　　　　　□一般
□较少　　　　　　　　□非常少

8. 最近，您有机会学到新东西吗？
□总是有　　　　　　□经常有　　　　　　□有时有
□不经常有　　　　　　□几乎没有

9. 工作中有人关心您的成长吗？
□总是有　　　　　　□经常有　　　　　　□有时有
□不经常　　　　　　□几乎没有

10. 您认为公司的晋升渠道通畅吗？
□非常通畅　　　　　　□通畅　　　　　　□晋升机会很少
□几乎没有晋升机会

11. 您认为下面哪些方式能够更好地提高您的积极性和创造性？
□收入提高　　　　　　□福利改善　　　　　　□职位晋升
□挑战性的工作　　　　　　□培训机会　　　　　　□领导认可
□其他

12. 您的职业倾向是：
□希望在目前这个方向一直干下去　　　　　　□希望换一个方向
□根据环境的变化来选择工作　　　　　　□没有想过

13. 您希望得到何种方式的培训来提升自己的工作能力？（多选，但不超过3项）
□增加理论知识或操作技能授课　　　　　　□部门内工作岗位轮换
□不同部门间调动　　　　　　□开展学历进修　　　　　　□外派培训
□其他

14. 您对公司的培训体系满意吗？
□很满意　　　　　　□满意　　　　　　□一般
□不满　　　　　　□非常不满

15. 您希望在公司获得哪些方面的培训？（请在横线上列出）

_____

_____

第二部分：资源提供与环境

1. 您认为本公司资源供给情况如何？
□经常节省　　　　　　□有时节省　　　　　　□既不节省也不浪费
□有时造成浪费　　　　　　□经常浪费

2. 您认为以下哪些人才是公司最需要的？（可多选）
□物流　　　　　　　　□采购　　　　　　　　□管理人员
□营销人员　　　　　　□其他：_____

3. 为了工作，您所需要的人、财资源及相关物资是否能及时供应？
□几乎总是能够及时供应　　　　　　□经常能够及时供应
□有时能够及时供应　　　　　　　　□经常不能及时供应
□几乎总是不能及时供应

4. 您对管理阶层为你们执行工作提供的支持满意程度如何？
□很满意　　　　　　　□满意　　　　　　　　□一般
□不满　　　　　　　　□非常不满

5. 您对公司的工作环境满意程度如何？
□很满意　　　　　　　□满意　　　　　　　　□一般
□不满　　　　　　　　□非常不满

6. 您对公司的整体满意度？（　　　）
□60%以下，哪个方面最不能忍受：_____
□60%～70%　　　　　□70%～80%　　　　　□80%～90%
□90%～100%

第三部分：薪资福利

1. 您认为自己的工资收入合理吗？
□非常合理　　　　　　□合理　　　　　　　　□一般
□不合理　　　　　　　□非常不合理

2. 如果在上一题中选择后两项，请选择您认为不合理的理由(可多选)：
□与同事比较，不公平　　□与市场上同岗位相比，不公平
□我的能力或责任增加，收入却没有相应增加　　□其他_____

3. 您对公司目前薪资结构科学性与合理性的评价是：
□非常科学合理　　　　□较科学合理　　　　　□不确定
□不够科学合理　　　　□非常不科学不合理

4. 如果在上一题中选择后两项，请描述您认为科学合理的薪资结构_____

5. 您对目前公司薪资福利待遇对人才吸引性的评价是：
□非常吸引　　　　　　□较吸引　　　　　　　□不确定
□不够吸引　　　　　　□几乎没有吸引力

6. 您认为公司应该依据哪些标准发放薪酬？（可多选）

□学历　　　　　　　　□在公司服务年限　　　　□绩效考评结果

□其他_____

7. 您认为公司应该用什么方式来奖励您的出色表现？

□按目前方式　　　　　□物质奖励（发放奖金、购买福利保险）

□精神奖励（培训、评选优秀员工）　　　　　　　□升职

□带薪休假　　　　　　□其他_____

8. 您对公司的培训体系满意吗？

□很满意　　　　　　　□满意　　　　　　　　　□一般

□不满　　　　　　　　□非常不满

9. 与您可能任职的其他公司相比，总体来说，您如何评价联合培养企业？

_____
_____
_____

--------------------------------问卷结束--------------------------------

请检查一下是否还有未填写的题目，请对每个问题都进行回答！

此次员工满意度调查问卷到此结束，再次感谢您的积极支持和参与！